31

20
16

01

08

2

17

26 06

04

34 18

19

22

21

25

38

14_ Grenada
15_ Honduras
16_ Israel
17_ Jemen
18_ Kambodscha
19_ Kenia
20_ Libanon
21_ Malawi
22_ Malaysia
23_ Marokko
24_ Mexiko
25_ Mosambik
26_ Nepal

27_ Norwegen
28_ Peru
29_ Polen
30_ Portugal
31_ Russland
32_ Sierra Leone
33_ Slowenien
34_ Thailand
35_ Tschechien
36_ Uruguay
37_ USA
38_ Vanuatu

Der Mensch

Die kleinste wirtschaftliche Einheit

Herausgegeben von
Gabriele Fischer und Peter Lau

Der Mensch

Die kleinste wirtschaftliche Einheit

Männer und Frauen erzählen von Arbeit,
Geld und Leben in 38 Ländern

KNESEBECK

Inhalt

Vorwort

Es heißt, die Globalisierung habe die Welt überschaubar gemacht. Trotzdem wissen wir über die Menschen in anderen Ländern selten mehr, als wir aus den Medien erfahren. Und stimmt dieses Bild überhaupt? Leben in Afghanistan keine anderen Menschen als fanatische Fundamentalisten und unterdrückte Frauen? Sind im Libanon alle Einwohner schwer bewaffnet? Sind alle Russen entweder Exkommunisten oder gierige Turbokapitalisten? Und besteht die Bevölkerung in Sierra Leone nach dem Bürgerkrieg eigentlich nur aus Kindersoldaten und ehemaligen Söldnern? Selbst wenn wir ein fremdes Land bereisen, treffen wir dort meist nur einige ausgewählte Einheimische: Hotelangestellte, Fremdenführer, Andenkenhändler, eventuell den einen oder anderen normalen Verkäufer, der sich über zusätzliche Kundschaft freut. Der Alltag jedoch bleibt uns in der Regel verschlossen. Das gilt sogar für unsere direkten Nachbarn: Wie geht es einem einfachen Arbeiter in Polen? Was verdient ein Arzt in England? Wie lebt ein Marketingmanager in Slowenien? Ganz zu schweigen von einem Kaufmann auf den Färöerinseln …

Solche Fragen aus dem ganz normalen Leben standen am Anfang der Rubrik »Mikroökonomie«, die seit März 2000 in dem Wirtschaftsmagazin *brand eins* erscheint. Seitdem wird Monat für Monat, in jedem Heft, ein Mensch vorgestellt, der aus seinem Leben erzählt und von seinen Träumen, der uns sagt, was er tut und was er dafür bekommt, wie sein Alltag aussieht und wie er sich seine Zukunft vorstellt. Dabei gewähren uns diese Personen nicht nur einen Einblick in ihr persönliches Leben, sondern jedes Mal auch eine neue, überraschende Sicht auf die Welt.

Ich hatte und habe selbst viele Fragen an die Welt und bin daher froh, dass ich diese Rubrik von Anfang an betreuen durfte. Vor allem zweierlei habe ich dabei gelernt. Zum einen: Alle Menschen sind gleich. Alle arbeiten, gehen einkaufen, gönnen sich ab und zu etwas Besonderes, haben Leidenschaften, machen sich

Gedanken um ihre Zukunft. Und fragt man sie, was das Wichtigste in ihrem Leben sei, sagen sie: meine Familie, meine Frau, mein Mann, meine Kinder. Zum anderen habe ich gelernt: Alle Menschen sind verschieden. Die einen sparen für ihre Rente, die anderen verlassen sich auf ihre Nachkommen. Die einen hätten gerne mehr Freizeit, die anderen sind schon froh, dass sie überhaupt am Leben sind. Die einen arbeiten, weil sie Geld brauchen, für andere ist Arbeit der Sinn ihrer Existenz. Und wenn sie von ihren Sehnsüchten erzählen, stellt man fest: Jeder hat einen Traum – aber jeder Traum ist anders.

Dieses Buch versammelt Interviews aus den vergangenen Jahren, die sehr unterschiedliche Erfahrungen widerspiegeln: Eine afrikanische Prostituierte sieht die Welt anders als ein deutscher Unternehmer, ein Ureinwohner in Peru hat nicht die gleichen Sorgen wie ein Bauer in Nepal. Hinzu kommen neue Texte, in denen wir einzelnen Aspekten aus den Interviews etwas gründlicher nachgehen. Das Ergebnis hat uns selbst überrascht: Die Vielfalt des Lebens spiegelt sich in dem Wissen um seine unzähligen Details. Wer hat schon von den russischen Kommunalkas gehört, wer von der geplanten, gebauten und gescheiterten Hauptstadt von Belize? Und wer weiß etwas über die vielen Sprachen in Mexiko? Es gibt weitaus mehr Antworten in der Welt, als jedem von uns Fragen einfallen würden.

Deshalb kann auch dieses Buch nur ein kleiner Ausblick auf die Vielfalt des menschlichen Lebens sein. Wollten wir alles zeigen, müsste es mehr als sechs Milliarden Kapitel haben – so viele, wie es Menschen gibt. Wollen Sie mehr wissen, können Sie selbst jederzeit weitermachen: Fragen Sie einen Menschen nach seinem Leben – nicht nur in fremden Ländern. Denn jeder Mensch ist eine eigene Welt. Und keine Globalisierung wird ihn uns jemals so nahe bringen wie ein einfaches Gespräch.

Peter Lau

Ein Buchhändler in Afghanistan

Haji Ahmad Hakmal wuchs ohne Vater auf und durfte mangels Geld nicht studieren. Er war Bauarbeiter, Geldwechsler und Manager eines Warenhauses, bevor er kurz vor der Machtergreifung der Taliban seinen ersten Buchladen eröffnete. Die Taliban beschlagnahmten und verbrannten seine Bücher, doch nach ihrem Sturz eröffnete Hakmal sogar noch zwei weitere Buchläden. Der 55-Jährige hat fünf Söhne, fünf Töchter und – nach eigenen Worten – beim neunten Enkelkind aufgehört zu zählen.

Afghanistan

Einwohner: 31,9 Millionen
Währung: 100 Afghanische
  Afghani = 1,46 Euro
BIP pro Kopf: 561 Euro
Human Development Index:
  kein Eintrag mangels Daten

Aktuelle Durchschnittskosten

1 Bier in einer Bar: 1,50 Euro
1 Liter Milch: 25 Cent
1 Schale Reis: 30 Cent
1 afghanisches Wörterbuch: 10 Euro
Eintritt ins Fußballstadion: gratis

Monatliche Einnahmen und Ausgaben:	800 Euro Verdienst, 700 Euro Grundkosten
Altersvorsorge:	Hakmal spart nichts, weil seine Söhne später für ihn sorgen werden.
Wie und wie oft machen Sie Urlaub?	»Zweimal im Jahr fahre ich mit meiner Frau und einigen meiner Kinder aufs Land, zum Beispiel nach Kandahar. Dort liegt der Obstgarten Afghanistans – und auch im Winter ist das Klima sehr mild.«
Was möchten Sie in Ihrem Leben verändern?	»Ich hätte gern bessere Manieren! Ich meckere viel zu viel über das Essen und darüber, dass es zu Hause nicht sauber genug ist. Ich wünschte, ich könnte manchmal einfach den Mund halten. Daran arbeite ich!«
Was ist Ihr größtes Problem, und wie gehen Sie damit um?	»Ich hätte gern ein größeres Haus. Dafür müsste ich sparen, aber ich kaufe immer so viel: Essen, Krimskrams, Kleidung, Uhren, noch einen Fernseher, Geschenke. Das macht mir einfach Spaß!«
Was erwarten Sie von der Zukunft, und was tun Sie dafür?	»Ich würde gern mein Geschäft voranbringen. Wichtig für unseren Erfolg ist natürlich, dass die Kinder in diesem Land lesen lernen. Aber das muss der Staat schaffen, da kann ich nichts tun.«
Was muss Ihrer Meinung nach passieren, um die Wirtschaft Ihres Landes wieder in Gang zu bringen?	»Ich denke, da sind wir alle in der Pflicht. Wir müssen den Wiederaufbau als unsere eigene Aufgabe begreifen, auch wenn wir dabei dringend Hilfe von außen brauchen. Als Wirtschaftszweig der Zukunft sehe ich den Tourismus.«

Literatur in Afghanistan: eine große Tradition, die von den Taliban erbittert bekämpft wurde und vom Westen noch zu entdecken ist

Die Literatur des persischen Sprachraums, zu dem neben dem Iran auch Tadschikistan und Afghanistan gehören, lässt sich bis ins Altertum zurückverfolgen. Sie wird bis zum Ende des 18. Jahrhunderts als weitgehend einheitlich beschrieben, was vor allem an der beherrschenden Stellung der persischen Schrift- und Hochkultursprache Dari liegt: Der Begriff Dari-Dichtung bezeichnete lange die Gesamtheit der klassischen persischsprachigen Poesie. Doch im 19. und vor allem 20. Jahrhundert reagierten die Prosa wie die Dichtung der Region verstärkt auf gesellschaftliche Veränderungen, was auch zu Experimenten in Form und Stil führte.

In Afghanistan markiert das Jahr 1911 einen Wendepunkt. In diesem Jahr kehrte der einflussreiche Literat Mahmud Tarzi aus dem Exil in der Türkei zurück. Seine Zeitschrift *Seraj ul-Akhbar* (»Leuchte der Nachrichten«) wurde zu einer wichtigen Plattform für die Veränderung und Modernisierung des Journalismus, der Dichtkunst und der Literatur. Die Literaten orientierten sich damals einerseits noch an Typen traditioneller Erzählungen wie *1001 Nacht*, adaptierten andererseits aber vermehrt westliche Formen wie Novellen, Theatertexte und Romane. Diese erschienen oft als Fortsetzungen in Zeitschriften und setzten sich häufig kritisch mit der Gegenwart auseinander. In dieser Zeit verstärkte sich auch das Interesse an Literatur, die nicht in der Amtssprache Dari verfasst war, sondern in Paschtu, der Sprache der Paschtunen, die 40 Prozent der afghanischen Bevölkerung ausmachen.

Bis in die 1970er Jahre blühte das literarische Leben des Landes, in der Hauptstadt Kabul gab es sogar ein deutsches Goethe-Institut. Der größte Teil dieser lebendigen Szene wurde allerdings schon im Verlauf des Bürgerkrieges gegen die Russen in den 1980er Jahren verschüttet. Der Rest verschwand unter der Herrschaft der Taliban, für die jede Art der weltlichen Literatur beziehungsweise Kultur einen Angriff auf den Islam darstellte.

Auf Deutsch gibt es nur einen Band mit afghanischer Literatur aus der Zeit zwischen 1950 und 1970: *Moderne Erzähler der Welt. Afghanistan*, 1977 herausgegeben von Hartmut Geerken. Das Buch ist allerdings so rar, dass es wohl auch Haji Ahmad Hakmal nicht in seinen Läden führen wird.

Der Kulturfeindlichkeit der Taliban ist es anzulasten, dass heute 70 Prozent der Afghanen Analphabeten sind. Folglich ist auch der Buchhandel wenig entwickelt: Hier werden Bücher an einem kleinen Stand vor dem Grab des Fürsten Ahmad Shah Durrani verkauft.

Ein Beduine in Ägypten

Farag Mousa, 27, besitzt den höchstgelegenen Kiosk Ägyptens – auf der Spitze des Mosesberges, hoch über dem Katharinenkloster, einem der ältesten christlichen Klöster. Manchmal ist er zwei Monate durchgehend auf dem Berg, schläft, isst und arbeitet dort. Seine Gesellschaft sind einige andere Beduinen, deren Stände aber tiefer liegen. Neue Vorräte kommen mit Eseln – den steilen Aufstieg schaffen Kamele nicht. Wenn Mousa Nachschub braucht, geht er nicht ins Tal hinab, sondern gibt Lichtzeichen mit einem Handspiegel. So bestellt er etwa Wasser. Manchmal gibt er auch einem der Bergführer, welche die Touristen auf den Gipfel des Mosesberges leiten, Aufträge mit.

Ägypten

Einwohner: 80,3 Millionen
Währung: 100 Ägyptische Pfund
    = 12,90 Euro
BIP pro Kopf: 2945 Euro
Human Development Index: 112

Aktuelle Durchschnittskosten

1 Liter Milch: 80 Cent
1 Kilo Gurken: 15 Cent
1 Liter Benzin: 25 Cent

Monatlicher Verdienst:	Je nachdem, wie viele Pilger auf den Berg kommen, zwischen 250 und 400 Euro im Monat
Monatliche Grundkosten:	Farag Mousa zahlt keine Steuern. Schließlich waren die Beduinen vor den Ägyptern auf dem Sinai: »Warum sollten wir also Steuern an sie entrichten?« Er hat auch keine Krankenversicherung: »Meine Versicherung sind die Mönche aus dem Kloster. Wenn etwas passiert, helfen sie mir.« Jeden Monat gibt er 130 bis 200 Euro für den Bau seines Häuschens in Santa Katharina aus. Wenn das Haus fertig ist, wird er monatlich 5 Euro für Strom und Wasser brauchen. Für Lebensmittel gibt er etwa 25 Euro im Monat aus: Ihre Mahlzeiten nehmen die Beduinen gemeinsam ein – jeder bringt etwas mit.
Altersvorsorge:	»Meine Versicherung für das Alter sind meine Kinder.«
Wie und wie oft machen Sie Urlaub?	»Ich war erst einmal für einige Tage in Kairo. Am allerliebsten würde ich nach Holland fahren. Da ist alles so flach und so grün.«
Was tun Sie, wenn Sie sich etwas Besonderes gönnen wollen?	»Wenn ich das Geld hätte, würde ich mir einen großen Traum erfüllen und mir einen Mercedes kaufen.«
Was ist das Wichtigste in Ihrem Leben?	»Die Berge und die Wüste sind meine große Liebe.«
Welchen Stellenwert hat Geld für Sie?	»Es gibt Situationen, da braucht man eben Geld. Wenn ich heiraten will, benötige ich rund 1300 Euro zur Ausrichtung der Hochzeit.«
Was würden Sie gern in Ihrem Leben ändern?	»Dies ist mein Leben, und so ist es nun einmal, mit den schönen und den schlechten Seiten.«

Der Mosesberg in Ägypten: Der ehemalige Ort der Ruhe und Einkehr ist heute ein beliebtes Ziel des Massentourismus.

Natürlich kann man bei den Beduinen auch ein Reitkamel mieten, um den Aufstieg über den längeren, bequemeren Pfad zu meistern. Das geht zumindest bis zur Elija-Mulde, 750 steile Stufen vor dem Gipfel. Doch die Pilger und Touristen, die oft beides sind, erklimmen den Djebel Musa, den Mosesberg im Süden der Halbinsel Sinai, dann doch meist über die gut 4000 Stufen, die einst Mönche in den schroffen, trockenen Stein geschlagen haben. Sie wissen: Diesen Gipfel, auf dem laut dem Alten Testament Moses die Tafeln mit den Zehn Geboten von Jahwe erhalten hat, wollen diejenigen, die dazu in der Lage sind, möglichst zu Fuß erreichen.

Wenn man das um 500 nach Christus gegründete griechisch-orthodoxe Katharinenkloster am Fuße des Djebel Musa als Ausgangspunkt nimmt, dauert es etwa drei Stunden, bis man auf dem Gipfel ankommt. Kleine Gedenkkapellen markieren seit dem Jahr 363 diesen spirituellen Höhepunkt. Seit 1934 steht dort die Dreifaltigkeitskapelle.

Farag Mousa tut gut daran, auch während der Nacht in seinem Kiosk zu bleiben, denn die meisten Besucher steigen nachts auf, meist in einer mehr als hundertköpfigen Taschenlampenkarawane. Oben angekommen, hocken sie sich erst einmal hinter die Felsbrocken und ziehen sich um, die verschwitzte Kleidung wird gegen trockene, warme Sachen getauscht. Dann warten alle auf den fulminanten Sonnenaufgang hinter dieser kahlen zerklüfteten Gebirgswelt namens »Heiligenwüste«. Niemanden wundert es, dass sich der erhabene Anblick hier oben, in 2285 Meter Höhe, für viele mit religiöser Kontemplation vermischt. Leider ist es bald vorbei mit der Ruhe. Kaum wird das Morgenlicht gleißender, raffen sich die ersten Gruppen auf, um den Abstieg vor dem Aufbruch der Massen zu schaffen.

Im 6. Jahrhundert, heißt es, habe ein Einsiedler namens Stephanos darüber gewacht, dass kein Unberufener den Mosesberg bestieg. Angesichts des Müllproblems, unter dem der heilige Ort heute leidet, wünscht sich vermutlich so mancher Beduine einen Nachfolger dieses Wächters.

Das Katharinenkloster auf dem Mosesberg, das als Festung gebaut wurde, hat mehr als 1500 Jahre allen Unruhen und Kriegen getrotzt. Heute schützen die hohen Mauern unter anderem eine uralte Bibliothek vor jährlich rund 50 000 Touristen.

Ein Ökonom
in Argentinien

Als kurz vor Weihnachten 2001 die Argentinier auf die Straße gingen und innerhalb von zwei Wochen vier Präsidenten stürzten, war der Ökonom Federico Villalpando einer von ihnen. Damals war ein Peso einen Dollar wert. Nach den turbulenten Tagen musste die Regierung den Peso abwerten und den Staatsbankrott verkünden: Heute ist Villalpandos Gehalt 78 Prozent weniger wert, die Preise aber sind um fast 40 Prozent gestiegen. Wie viele seiner Landsleute hat er deshalb drei Jobs. Morgens arbeitet er für einen Parlamentsabgeordneten, nachmittags bei der UN-Wirtschaftskommission für Lateinamerika und die Karibik (ECLAC), und am Wochenende führt er Touristen durch Buenos Aires.

Argentinien	Aktuelle Durchschnittskosten
Einwohner: 40,3 Millionen	*1 Bier in der Bar: 1,20 Euro*
Währung: 100 Argentinische Pesos	*1 Milchkaffee: 1,20 Euro*
= 23,16 Euro	*1 Liter Benzin (Super): 50 Cent*
BIP pro Kopf: 10 657 Euro	*1 Fußballticket (Stehplatz):*
Human Development Index: 38	*ab 2,10 Euro*
	1 Liter Milch: 50 Cent

Monatlicher Verdienst:	Im Nationalkongress 285 Euro, bei ECLAC 340 Euro, als Touristenführer etwa 60 Euro
Monatliche Grundkosten:	260 Euro für Miete, Lebensmittel, Kleidung, Fahrtkosten
Altersvorsorge:	Jeden Monat 20 Euro für eine private Rentenversicherung. Geld, das er am Monatsende übrig hat, tauscht er in Dollar und legt es in ein Bankschließfach.
Was machen Sie in Ihrer Freizeit?	»Ich liebe es, durch Buenos Aires zu spazieren, mich fasziniert die Architektur. Abends gehe ich mit Freunden einen trinken.«
Wie oft machen Sie Urlaub, und wohin fahren Sie?	»Ich verreise einmal im Jahr für zwei Wochen. Früher fuhr ich mit dem Rucksack durch Peru und Chile. In diesem Jahr werde ich in Argentinien bleiben und mich in dem Seebad Mar del Plata an den Strand legen.«
Was ist das Wichtigste in Ihrem Leben?	»Meine Freunde sind mir wichtig, meine Arbeit auch. Vor allem aber: Ausgeglichenheit.«
Was möchten Sie in Ihrem Leben verändern?	»Ich möchte eine andere Arbeit finden. Mit meiner Tätigkeit im Nationalkongress helfe ich, das argentinische System zu stabilisieren. Es müsste aber verändert werden.«

Die Wirtschaftskrise in Argentinien: Das Ausland war von den Unruhen überrascht, doch im Volk war die Wut über lange Zeit gewachsen.

Als am 19. und 20. Dezember 2001 Bilder von Straßenschlachten in Buenos Aires nach Europa gelangten, kam das für viele überraschend. Tatsächlich hatte der wirtschaftliche Zusammenbruch des Landes aber eine lange Vorgeschichte: Seit den 1950er Jahren waren die Schulden und die Inflationsrate Argentiniens gestiegen. Die Bindung des Pesos an den US-Dollar hatte sich als Katastrophe herausgestellt und die gesamte Wirtschaft geschwächt, außerdem machte eine Privatisierungswelle Anfang der 1990er Jahre das Land anfällig für Spekulationen und Kapitalflucht. Hinzu kamen Währungsabwertungen in Mexiko und Brasilien, so dass Argentinien auf dem Weltmarkt auf seinen plötzlich zu teuren Produkten sitzen blieb. Die Arbeitslosigkeit stieg enorm, die Rezession beschleunigte sich.

Die Medien stürzten sich auf alarmierende Phänomene wie die *cartoneros*, die versuchten, mit Papier und Kartons vom Müll zu handeln, oder berichteten von fragwürdigen Schulden-Bonds und der Alternativwährung Crédito. Ende November 2001 meldete der damalige Wirtschaftsminister Domingo Cavallo dem Internationalen Währungsfonds, dass sein Land sein Haushaltsziel nicht erreichen werde. Der IWF zahlte daraufhin eine Kredittranche von 1,25 Milliarden Dollar nicht aus, was zu einer sofortigen Flucht des Großkapitals führte. Das Bankensystem des Landes brach zusammen, so dass Cavallo einige Tage später das *corralito* einführte: Danach konnten Kleinsparer von ihren Girokonten nicht mehr als lächerliche 250 Pesos (etwa 55 Euro) pro Woche in bar abheben.

Das *corralito* war für die Argentinier der berühmte letzte Tropfen im Fass der Zumutungen durch den wirtschaftlichen Niedergang. Nicht nur die Aktivisten der Gewerkschaften, sondern auch Menschen aus der Mittelschicht wie Federico Villalpando gingen nun auf die Straße, um dort *cacerolazos* zu veranstalten – eine argentinische Form des lautstarken Protestes, bei dem ein höllischer Lärm auf Töpfen (*cacerolas*) und Pfannen gemacht wird. Die Aussage ist klar: leere Pötte – knurrende Mägen!

Die Protestler waren bestens organisiert, und die engagierten Aktivisten, die *piqueteros*, wurden zu einem echten Machtfaktor in der argentinischen Politik – auch nach dem 19. und 20. Dezember 2001. In jenen Tagen kulminierten die heftigen *cacerolazos* auf der Plaza de Mayo in Buenos Aires in Straßenschlachten. In der Folge traten nicht nur der Präsident Fernando de la Rúa und der Wirtschaftsminister Domingo Cavallo zurück – auch die nächsten vier automatisch ins Amt des Präsidenten nachrückenden Politiker wurden innerhalb von 13 Tagen aus dem Amt gejagt.

Der Reggae-Star Bob Marley sagte einmal: »Man kann einige Menschen einige Zeit veralbern, aber nicht alle Menschen für immer.« Wer das vergisst, muss mit Großdemonstrationen wie dieser hier vor dem Kongress in Argentiniens Hauptstadt Buenos Aires rechnen.

Ein Bauer in Äthiopien

Daniel Darbo, 47, lebt in Kola Shara, einem südäthiopischen Dorf mit 80 Einwohnern. Auf einer 1200 Quadratmeter großen Feldparzelle baut er das hier typische Getreide Teff an, aber auch Mais und Bananen. Daniel Darbo lebt mit seiner Mutter, einer Tante, seiner Frau, zehn Kindern und neun Kühen in einer Lehmhütte mit Strohdach.

Äthiopien

Einwohner: 76,5 Millionen
Währung: 100 Äthiopische Birr
  = 8,14 Euro
BIP pro Kopf: 701 Euro
Human Development Index: 169

Aktuelle Durchschnittskosten

1 Brot: 8 Cent
Kinokarte: 37 Cent in der
  Hauptstadt Addis Abeba.
  Videoshows in Kola Shara kosten
  8 Cent
1 Liter Benzin: 41 Cent

Monatlicher Verdienst und Grundkosten:	Daniel Darbo verdient 7 bis 10 Euro im Monat. Für das Grundstück und seine Hütte muss er dem äthiopischen Staat kein Geld zahlen. Am meisten gibt er für Nahrungsmittel aus: 3,45 Euro kostet der Zentner Süßkartoffeln, den er monatlich für seine Familie braucht. Die isst außerdem dreimal täglich Injera, Fladen aus Teff. Um seine Ernte zum Wochenmarkt zu transportieren, mietet sich Daniel Darbo für 30 Cent einen Esel. Zudem spart er für einen Pflugochsen, der rund 90 Euro kostet. Dafür braucht er zwei Jahre. Bis dahin leiht er sich zum Pflügen ein Zugtier bei seinem Nachbarn, der dafür die Hälfte der Ernte bekommt.
Altersvorsorge:	»Es gibt eine Rentenkasse für Landwirte, aber ich kann mir die Beiträge nicht leisten. Wenn ich alt bin, kommt hoffentlich mein ältester Sohn für mich auf.«
Wie oft machen Sie Urlaub?	»An Weihnachten ruht die Arbeit drei Tage, und am äthiopischen Neujahrsfest Meskal feiern wir vier Tage im Dorf. Weggefahren bin ich noch nie.«
Was ist das Wichtigste in Ihrem Leben?	»Ich bin so glücklich, dass ich noch lebe. Ich bin 47 Jahre alt – die durchschnittliche Lebenserwartung liegt in Äthiopien bei 42 Jahren.«
Welchen Stellenwert hat Geld in Ihrem Leben?	»Wichtiger ist für mich meine Familie, aber für sie brauche ich Geld. Meine Mutter leidet unter Malaria und braucht Medikamente. Und nur zwei meiner Kinder können die Schule besuchen.«
Was möchten Sie in Ihrem Leben ändern?	»Ich hätte gern mehr Geld, um mir ein schöneres Haus mit Wellblechdach zu bauen oder um einen Lebensmittelladen aufzumachen. Je älter ich werde, desto mehr strengt mich die Arbeit auf dem Feld an.«

Das äthiopische Getreide Teff: Das seit mehr als 5000 Jahren genutzte Korn ist ein heimlicher Sieger – und ein Segen für Sportler wie Allergiker.

Ein Teff-Samenkorn ist mit weniger als einem Millimeter Durchmesser so klein, dass Daniel Darbo das Saatgut für ein ganzes Feld in einer Hand tragen kann. In der weltweiten Landwirtschaft wurde das zarte, aber sehr ertragreiche Getreide aus der Familie der Süßgräser vom Weizen weitgehend verdrängt, doch in Äthiopien gehört *Eragrostis tef*, so der botanische Name, seit Jahrhunderten zu den wichtigsten Lebensmitteln. Das Korn wird wegen seiner Winzigkeit komplett mit Hülse gemahlen. Speisen aus Teff-Mehl wie der Injera-Fladen sind also grundsätzlich Vollkornprodukte.

Äthiopien gilt als Herkunftsland des Teff, auch wenn dessen sogenanntes Urkorn im Stein der ägyptischen Pyramide von Dashur gefunden wurde, die 3359 vor Christus entstand. Erst der Fund dieses Urkorns machte 1965 niederländische Ernährungswissenschaftler neugierig, die kurz darauf entdeckten, dass Teff nicht nur gut verdaulich und außerordentlich nährstoffreich ist, sondern im Gegensatz zu Weizen, Roggen, Dinkel und Hafer auch kein Klebereiweiß (Gluten) enthält. Das ist ein Segen für Allergiker, denn die nicht gerade seltene Zöliakie, die Überempfindlichkeit der Dünndarmschleimhaut gegen Gluten, lässt sich nur durch dessen Vermeidung kontrollieren.

In Zusammenarbeit mit den Laboratorien fanden sich in den letzten Jahren des 20. Jahrhunderts in den Niederlanden Teff-Anbauer, die von Äthiopien die Nutzungsrechte für das Getreide außerhalb des Landes erwarben. Sie züchteten mit den Wissenschaftlern 375 Teff-Sorten und entwickelten daraus die zum europäischen Klima passende Teff-Variante Eragrain. Anfang 2006 wurden in Hollands Supermärkten bereits 15 000 Teff-Brote verkauft. Zirka zehn Cent pro Brot fließen zurück nach Afrika. Äthiopien erhält außerdem eine Gebühr für den Auslandsanbau und Hilfe beim Aufbau des eigenen Teff-Exports. Mitte 2006 wurde zum ersten Mal auch in Deutschland ein Teff-Feld abgeerntet.

Viele Ausdauerathleten schwören auf Teff-Produkte als Nahrung bei der Vorbereitung von Wettkämpfen. Und längst ist der feine, süßlich nussige Geschmack des Teff Teil der sogenannten Biowelle, in Mehl, Fladen, Brot oder Brownies. Eine eindrucksvolle Karriere für das kleine Korn.

Früher wurde Äthiopien alle 30 Jahre von einer Dürreperiode geplagt, heute alle vier bis fünf Jahre. Das Land ist auf Nahrungsmittelhilfe aus dem Ausland angewiesen, 49 Prozent der Bevölkerung gelten als unterernährt. Wer, wie diese Frau, Teff ernten kann, hat Glück gehabt.

Eine Mennonitin
in Belize

Nettie Wiebe, 21, lebt in Blumenthal, einer Mennonitensiedlung. Die Vorfahren dieser bibeltreuen Gemeinschaft verließen im 16. Jahrhundert ihre deutsche Heimat und zogen über Preußen, Russland, Kanada und Mexiko bis nach Belize, wo sie vor rund 50 Jahren ankamen. Die Konservativen unter ihnen lehnen moderne Technik ab und halten sich vom Rest der Gesellschaft fern. Auch die Progressiven, zu denen Nettie Wiebe gehört, sondern sich ab. Sie glauben aber, dass Geldverdienen gottgefällig ist.

Belize

Einwohner: 294 385
Währung: 100 Belize-Dollar
  = 37 Euro
BIP pro Kopf: 5890 Euro
Human Development Index: 80

Aktuelle Durchschnittskosten

1 Pfund Reis: 34 Cent
1 Bier: 1,02 Euro
1 Liter Normalbenzin: 85 Cent

Monatlicher Verdienst:	Nettie Wiebe arbeitet vier Tage die Woche im Laden ihres Onkels und verdient 565 Euro.
Monatliche Grundkosten:	Nettie bezahlt jährlich 134 Euro für ihre Autoversicherung und 56 Euro im Monat für Benzin. Sie wohnt kostenlos bei ihren Eltern und hilft dafür an zwei Wochentagen in deren Betrieb, einer Hühnerfarm mit 9500 Tieren. »Von meinem Gehalt könnte ich locker 250 Euro sparen. Aber ich möchte damit erst anfangen, wenn ich mir alles gekauft habe, was ich brauche. Einmal im Monat fahre ich nach Chetumal in Mexiko und besorge mir etwas: einen Fernseher, Kleidung.«
Altersvorsorge:	»Darüber mache ich mir keine Gedanken. Ich denke, dass meine Familie für mich sorgen wird.«
Wie und wie oft machen Sie Urlaub?	»Über Silvester hat mein Chef alle seine Angestellten und deren Familien für drei Tage nach Cancún eingeladen. Wir waren 13 Personen. Und es war toll.«
Was tun Sie, wenn Sie sich etwas Besonderes gönnen wollen?	»Ich spiele Gitarre. Ich liebe Gospelmusik. Egal, ob in Hochdeutsch, Spanisch, Englisch oder Niederdeutsch. Mein Lieblingslied ist ›Amazing Grace‹. Manchmal musizieren die jungen Leute hier zusammen, einer spielt Klavier, einer Schlagzeug, die anderen singen dazu.«
Was ist das Wichtigste in Ihrem Leben?	»Einen Mann kennenzulernen und zu heiraten. Er muss kein Mennonite sein, aber er muss weiß sein.«
Welchen Stellenwert hat Geld für Sie?	»Ich brauche Geld nur, um mir alle Dinge zu kaufen, die ich haben möchte.«
Was würden Sie in Ihrem Leben gern ändern?	»Darüber habe ich noch nie nachgedacht. Ich möchte jedenfalls nicht weg von hier, das macht mir Angst. Ich habe eine Reihe Jobs angeboten bekommen, als Köchin in Orange Walk Town oder in einem Büro hier im Ort, aber ich mag meine Arbeit und möchte immer in Blumenthal leben.«

Belmopan, die Planhauptstadt von Belize: Beim Bau einer der kleinsten Hauptstädte der Erde wurde an alles gedacht – außer an die Menschen, die dort leben sollen.

Die Küste der parlamentarischen Monarchie Belize ist eine traumhafte Landschaft. Es ist also nicht überraschend, dass dort, direkt am Karibischen Meer, im Norden des Golfs von Honduras, eine blühende Stadt entstand: Belize City, gegründet Mitte des 17. Jahrhunderts als britische Holzfällersiedlung und zur prächtigen Hauptstadt von Britisch-Honduras gewachsen, wie Belize bis 1973 hieß.

Doch das zirka hundert Kilometer von der Grenze zu Mexiko entfernte Gebiet, das Nettie Wiebe nur zum Einkaufen verlässt, liegt auch in der Schneise der alljährlichen Hurrikans. 200 Jahre trotzte die Stadt diesen Stürmen – bis am 31. Oktober 1961 die Katastrophe geschah: Hurrikan Hattie zerstörte Belize City fast bis auf die Grundmauern. Zu der Zeit hatte die Unabhängigkeitsbewegung den britischen Kolonialherren schon eine weitgehend selbstständige Verwaltung des Landes abgerungen, inklusive erster politischer Parteien. Und während Belize City wiederaufgebaut wurde, waren sich 1965 alle einig, dass der Regierungssitz in eine neue Stadt in sicherer Lage verlegt werden sollte.

Wo zuvor nichts als Urwald gewesen war, an den Ausläufern des Maya-Gebirges im Landesinneren, entstand die neue Hauptstadt Belmopan. So künstlich wie der Name, der sich aus »Belize« und »Mopan« (so heißt das örtliche Flüsschen) zusammensetzt, kam der Ort auch den ersten Besuchern vor, als 1970 der Regierungssitz dorthin verlegt wurde. Das erinnert an die brasilianische Planhauptstadt Brasilia, eine allzu künstliche Anlage vom Reißbrett, doch in Belmopan fehlen auch noch die visionären Bauten Oscar Niemeyers. Trotz großzügiger Parks und Trassen, Regierungsgebäuden im Stil der klassischen Maya-Architektur und der hier ansässigen Universität von Belize ist es Belmopan nie gelungen, die vorgesehene Einwohnerzahl von 40 000 Menschen zu erreichen. Gerade mal ein Viertel davon haben sich dort in einer der kleinsten Hauptstädte der Welt niedergelassen, die zudem häufig unter dem schwülen, warmen Klima ächzt. Die meisten Regierungsbeamten pendeln täglich die 80 Kilometer zurück nach Belize City, und auch die Mehrzahl der Firmen, Organisationen und Botschaften haben nach wie vor ihren Sitz an der Küste.

Selbst die Erlangung der Unabhängigkeit im September 1981 änderte daran nichts. Es ist ein bisschen wie in Deutschland im Bundesland Hessen: Wiesbaden ist zwar der Regierungssitz, Frankfurt aber ohne Frage das Zentrum. Wobei Hessen übrigens ungefähr genauso groß ist wie der Staat Belize – nur leider ohne Küste.

Dies ist keine moderne Architektur, sondern ein Tankstellendach, das in Belize City von einem Hurrikan umgerissen wurde. Um solchen Stürmen zu entgehen, wurde Belmopan erbaut. Doch die Menschen trotzen lieber der Natur, als in die künstliche Hauptstadt zu ziehen.

Ein Restaurantbesitzer in Bhutan

Kuenzang Wangchuk, 40, arbeitet jeden Tag von 5 bis 22 Uhr in seinem Nudelrestaurant mit vier Tischen in Jakar, einer Provinzstadt in 2800 Meter Höhe. Geschäftsleute und Beamte feiern gern bei ihm, denn er serviert ausländisches Bier und Bhutan Highland Whisky zu seinen gebratenen Nudeln und Teigtaschen. Das Restaurant ist mit einem Foto des Königs und einem Bild von Zambala, der »Gottheit des Reichtums«, dekoriert.

Bhutan

Einwohner: 2,3 Millionen
Währung: 100 Bhutanische Ngultrum
  = 1,64 Euro
BIP pro Kopf: 982 Euro
Human Development Index: 133

Aktuelle Durchschnittskosten

1 Liter Milch: 32 Cent
1 Liter Benzin: 79 Cent
1 Kilo Reis: 60 Cent
1 Paar Herrenschuhe: 17 Euro
Kinokarte: 1,40 Euro

Monatsverdienst, Monatsgrundkosten, Altersvorsorge:	Wangchuk nimmt im Monat gut 1000 Euro ein. Am meisten muss er für Alkohol ausgeben, der ihn im Einkauf rund 500 Euro kostet. Für Strom und Steuern zahlt er jeweils 16 Euro, für seine Lizenz 4 Euro. Seine Frau und sein Schwager helfen beim Servieren, das Gemüse kommt vom eigenen Feld. Die Eheleute leben in ihrem eigenen Haus und geben privat für sich und ihre vier Kinder wenig aus. Krankenbehandlung und Schulbesuch sind kostenlos. Für Schuluniformen und -bücher legt der Familienvater jeden Monat 100 Euro zurück. Weil es in Bhutan keine Rentenversicherung gibt, will er arbeiten, »bis ich umfalle«.
Was bedeutet Ihnen Ihre Arbeit?	»Ich habe Anfang der 1980er Jahre als Fahrer für eine Touristenagentur gearbeitet und musste immer in den Küchen der Hotels und Restaurants auf meine Fahrgäste warten. So habe ich Kochen gelernt – mein Traumberuf.«
Was ist das Wichtigste in Ihrem Leben?	»Meine Kinder. Ich will, dass sie die bestmögliche Ausbildung bekommen. Ich habe nie Lesen und Schreiben gelernt. Es ist furchtbar, keine Schulbildung zu haben.«
Was möchten Sie in Ihrem Leben verändern?	»Ich möchte bald mit dem Bus nach Kalkutta fahren und dort eine Kaffeemaschine für mein Restaurant kaufen. Ich habe gehört, dass sie 293 Euro kostet und sensationellen Kaffee macht.«
Der Buddhismus spielt in Bhutan eine große Rolle. Sind Sie religiös?	»Wir haben einen Hausaltar, aber im Alltag bin ich nicht so religiös wie manche Nachbarn. Doch jedes Jahr im Sommer, wenn in Jakar eine große Feier zur Verehrung Buddhas stattfindet, verköstige ich die 500 Mönche und Priester, die aus ganz Bhutan anreisen.«

Bhutan, das Königreich mit Bruttosozialglück: Im Himalaya bleibt die Staatsmacht in der Familie – und der Monarch ist für das Glück seines Volkes verantwortlich.

Im Dezember 2006 musste Kuenzang Wangchuk in seinem Restaurant unerwartet das Bild des Königs austauschen: Der langjährige Herrscher Jigme Singye Wangchuk gab die Amtsgeschäfte vorzeitig an seinen Sohn ab. Das geschah vollkommen freiwillig: Der vierte König hatte sein Land immerhin 34 Jahre lang vertreten, und ohnehin blieb sein Job in der Familie – Bhutans erbliche Monarchie lag im Dezember 2007 seit einhundert Jahren in den Händen der »Wangchuk«-Dynastie. Dass der Restaurantbesitzer ebenso heißt, ist übrigens Zufall – auch wenn es zu seiner Königstreue passt.

Am 17. Dezember 1907 endete mit der Inthronisierung von Ugyen Wangchuk eine ungesunde Doppelherrschaft im Königreich Druk Yul, dem Land des Drachen: Damals existierten seit 200 Jahren eine theokratische Herrschaft mit dem tibetischen Buddhismus als Staatsreligion sowie eine weltliche Macht, die sich im 19. Jahrhundert die Briten von Indien aus erkämpft hatten. Mit der Einführung des Königs wurde in Bhutan ein Reformprozess in Gang gesetzt, der langsam zu einer konstitutionellen Monarchie führte, begleitet von einer Verfassung und einem Parlament.

Zwar stockte diese Entwicklung immer mal wieder, weil einerseits die Selbstverpflichtung zur Wahrung der Traditionen im Königshaus sehr stark ist und es andererseits mehrfach zu politischen Unruhen kam, unter anderem aufgrund der demokratischen Bestrebungen vieler Südbhutaner nepalesischer Herkunft. Dennoch gilt Jigme Singye, der seine Jugend vor allem in Indien und England verbracht hat, wie schon sein Vater Jigme Dorje Wangchuk als Modernisierer des Landes.

Jigme Singye fiel gleich zu Beginn seiner Amtszeit 1972 international auf, als er eine Kritik der bhutanischen Wirtschaftsentwicklung in der *Financial Times* mit dem Begriff des »Bruttosozialglücks« konterte. Er meinte, dass der Lebensstandard in Bhutan nicht wie üblich am nationalen Bruttosozialprodukt zu messen sei, sondern auf eine ganzheitliche Art, die die kulturellen Werte und den Schutz der Umwelt einbezieht. Mag sein, dass er bloß den Blick von den Schwächen Bhutans auf dessen Stärken lenken wollte. Aber mittlerweile hat diese Idee als »Bruttonationalglück« tatsächlich Einzug in die globale Entwicklungsforschung gehalten. Auf ihm beruht unter anderem jener britische »Happy Planet Index«, der 2006 die Menschen von Vanuatu zum glücklichsten Volk der Welt kürte.

Der bis 1972 regierende König Jigme Dorje Wangchuk hat das Land modernisiert: Er gründete das Parlament, schaffte die Sklaverei ab und machte Bhutan zum Mitglied der UNO. Ihm zu Ehren wurde diese Gedenkstätte in Timphu errichtet.

Eine Ministerin
in Bolivien

Casimira Rodriguez Romero war 13, als sie anfing, unter sklavenähnlichen Bedingungen als Hausmädchen zu arbeiten: bis zu zwölf Stunden täglich, sieben Tage die Woche, ohne Bezahlung und ohne Freizeit. 20 Jahre arbeitete sie in diesem Job, daneben engagierte sie sich in einer Vereinigung der Hausangestellten, deren Sprecherin sie wurde. 2003 bekam sie dafür den Weltfriedenspreis der Methodistischen Kirche. Die ledige 40-Jährige hat auf einer Abendschule Abitur gemacht und Anthropologie studiert, bevor sie im Januar 2006 zur Ministerin für Justiz und Menschenrechte ernannt wurde.

Bolivien

Einwohner: 9,1 Millionen
Währung: 100 Boliviano = 9,55 Euro
BIP pro Kopf: 2174 Euro
Human Development Index: 117

Aktuelle Durchschnittskosten

1 Liter Benzin: 38 Cent
1 großes Weißbrot: 60 Cent
1 Flasche Bier im Laden: 70 Cent
1 Flasche Bier im Restaurant: 1 Euro
100 Gramm Kokablätter (legal):
*   50 Cent*
Einfache Busfahrt La Paz –
*   Cochabamba: 5 Euro*
Einfacher Flug La Paz – Cochabamba:
*   45 Euro*
Schuheputzen: 5 Cent
1 einfaches Herrenhemd: 4 Euro
Kinokarte: 1,80 Euro

Monatsverdienst, Monatsgrundkosten, Altersvorsorge:	»Unsere Regierung hat die Ministergehälter halbiert. Brutto verdiene ich 1360 Euro, netto bleiben mir etwa 970 Euro. Seit kurzem habe ich zum ersten Mal eine eigene Wohnung, für die ich 120 Euro zahle. Dazu kommen einige Euro für Strom, Gas, Wasser, Telefon. 220 Euro zahle ich für Flüge, um meine Mutter zu besuchen, die ich mit rund 100 Euro monatlich unterstütze. Das Gleiche bekommt mein Bruder, der sich um sie kümmert.«
Was tun Sie in Ihrer Freizeit?	»Als Hausmädchen hatte ich hin und wieder ein paar freie Tage, die ich zur Weiterbildung genutzt habe. Jetzt habe ich sonntags vielleicht ein paar Stunden für mich, aber dann gehe ich meist zu Einladungen, um die Regierung zu repräsentieren, obwohl ich besser mal ausruhen und auf meine Gesundheit achten sollte.«
Was sind Ihre größten Probleme, und wie gehen Sie damit um?	»Das sind die Gesetze in unserem Land. Wenn Leute zu mir kommen, die ein Problem haben, kann ich selbst als Justizministerin oft nichts machen, weil die Gesetze zu kompliziert sind. Sie wurden von Leuten gemacht, die sich nicht für die Probleme der Menschen interessieren.«
Was bedeutet Ihnen Arbeit?	»Arbeit belebt den Geist. Durch sie fühlt man sich nützlich. Jede Art von Arbeit ist würdig. Unwürdige Arbeit gibt es nicht.«
Was erwarten Sie von der Zukunft, und was tun Sie dafür?	»Wenn ich 16 oder 18 Stunden am Tag arbeite, tue ich das für die nachfolgende Generation, in der Hoffnung, dass sie bessere Arbeit und bessere Bildung bekommt und dass es in Bolivien gerechter zugeht.«

Soziale Bewegungen in Bolivien: Im Andenstaat ist der Weg vom Demonstrationsteilnehmer zum Regierungsmitglied manchmal gar nicht weit.

Als Mitglied der Regierung von Evo Morales, der im Dezember 2005 zum Präsidenten Boliviens gewählt wurde, steckt Casimira Rodriguez Romero inmitten eines ebenso aufreibenden wie spannenden politischen Prozesses. Sie verkörpert ihn mit ihrem Aufstieg von einem Mitglied der Vereinigung der Hausangestellten zur Ministerin nicht zuletzt selbst – denn mit dieser Regierung wurde eine zur Partei gewordene Vertretung verschiedener sozialer Bewegungen des Landes an die Macht gewählt.

Die Partei heißt Movimiento al Socialismo (MAS), und ihre unangefochtene Führungspersönlichkeit und Identifikationsfigur ist seit Beginn ihres Bestehens Evo Morales. Die MAS entstand 1997 durch den Zusammenschluss mehrerer kleiner Parteien, linker Gruppen und gesellschaftlicher Organisationen, zu denen nicht nur die Gewerkschaften gehörten, sondern auch diverse lokale Interessenverbände. Dabei reicht das Spektrum von Bildungsinitiativen über die Wasseraktivisten von Cochabamba und die zahlreichen Indio-Verbände bis zu den einflussreichen Vertretern der Kokabauern, aus deren Führung Morales stammt.

Die politische Handlungsfähigkeit im Einsatz für die gemeinsame Sache bei gleichzeitiger Bewahrung der Vielfalt ist das Besondere an den sozialen Bewegungen Boliviens. Deshalb ist die MAS nicht mit einer sozialistischen oder sozialdemokratischen Partei europäischer Prägung vergleichbar. Ihre Basis ist vielmehr ein volkstümlicher bis nationalistischer Sozialismus, der sich über die Abwehr sogenannter westlicher Einflüsse definiert. Konkrete Erfahrungen wie die Verschärfung der Arm-Reich-Schere aufgrund marktwirtschaftlicher Privatisierungsmaßnahmen früherer Regierungen vermischen sich mit althergebrachten Lebensvorstellungen. So kommt es, dass Morales' erfolgreiche Renationalisierung der Erdgasindustrie Hand in Hand geht mit dem Aufbau einer legalen Kokaverarbeitung ohne Drogenproduktion und der Förderung indianischer Lebensweisen samt traditioneller Medizin und nicht minder traditionellen Geschlechterrollen.

Einmal an der Macht, dauerte es trotzdem nicht lange, bis sich die ersten Reibungsverluste zeigten, die jede Konfrontation idealistischer Vorstellungen mit der Realität des Regierens mit sich bringt. Ein Problem, das sicher auch Casimira Rodriguez Romero viel beschäftigt.

In La Paz, der höchstgelegenen Hauptstadt der Welt, wurde der Wahlkampf 2005 wie immer mit riesigen Plakaten geführt. Neu war bloß, dass Menschen wie diese Indiofrau neben den üblichen Parteien auch Kandidaten wählen konnten, die keine professionellen Politiker waren.

Ein Fahrradflicker in China

Geschätzte zehn Millionen Fahrräder rollen über die Straßen von Peking – sie sind immer noch das Hauptverkehrsmittel in der chinesischen Hauptstadt. Entsprechend viele Reparaturwerkstätten gibt es am Straßenrand. Die meisten sind illegal, wie der Laden von Feng Zongwen, 34, der mit dem Geschäft seine Frau und den zehnjährigen Sohn ernährt. Einmal musste Feng 37 Euro Strafe zahlen und wurde der Stadt verwiesen, weil er keine Aufenthaltsgenehmigung für Peking besaß. Er fuhr mit dem nächsten Zug zurück.

China

Einwohner: 1322 Millionen
Währung: 100 Chinesische Renminbi
  Yuan = 9,43 Euro
BIP pro Kopf: 5469 Euro
Human Development Index: 81

Aktuelle Durchschnittskosten

1 Kilo Reis: 25 Cent
1 Liter Milch: 50 Cent
1 Liter Benzin: 55 Cent

Monatlicher Verdienst:	Feng Zongwen verdient etwa 125 Euro im Monat.
Monatliche Grundkosten:	Feng wohnt mit seiner Familie in einem acht Quadratmeter großen Zimmer, für das er 13 Euro Miete zahlt. Er gibt im Monat 25 Euro für neues Flickzeug, Ersatzteile und Werkzeug aus.
Altersvorsorge:	Keine. Wenn Fengs Familie krank wird, kann er keine Medizin bezahlen. Wenn er alt ist, so hofft er, wird sein Sohn für ihn sorgen. Früher war es besser. Da hat er in einer Fabrik gearbeitet und seine Frau in einem Stahlwerk. Sie waren über ihre Betriebe versichert und sollten später Rente bekommen. Dann wurden sie entlassen. Es gab nirgends Arbeit, so gingen sie nach Peking.
Wie und wie oft machen Sie Urlaub?	»Ich kann keinen Urlaub machen, denn dann verdiene ich nichts. Aber wenn es kalt ist, es regnet und stürmt, nehme ich mir manchmal einen Tag frei, dann läuft das Geschäft ohnehin nicht gut.«
Was tun Sie, wenn Sie sich etwas Besonderes gönnen wollen?	»Wir gehen in einer kleinen Eckkneipe essen. Wir haben keine Küche in unserer Wohnung und kochen über einer einzelnen Gasflamme. Da ist es schön, mal etwas richtig Gutes zu essen, auch wenn es für uns drei zusammen 1,50 Euro kostet.«
Was ist das Wichtigste in Ihrem Leben?	»Gesundheit. Und die Familie.«
Welchen Stellenwert hat Geld in Ihrem Leben?	»Ohne Geld ist man nichts, aber trotzdem ist Geld nicht das Wichtigste.«
Was möchten Sie in Ihrem Leben gern ändern?	»Ich würde gern vieles ändern, aber ich kann gar nichts ändern.«

Fahrradfahren in Peking: Wer die chinesische Hauptstadt auf dem Zweirad durchqueren will, braucht ein starkes Schloss und gute Nerven.

Peking ist flach. So kann man weitgehend unbehelligt von Hügeln oder Senken durch die Stadt radeln. Fast 1500 Quadratkilometer stehen einem zur Verfügung, und rechnet man das gesamte Gebiet der unabhängigen Stadtprovinz inklusive ihrer Vorstädte und der ländlichen Teile hinzu, kommt man auf mehr als 15 000 Quadratkilometer. Doch im Moloch der Stadt ist Fahrradfahren nicht unbedingt ein Vergnügen, sondern manchmal eher ein Abenteuer.

Radler in Peking müssen höllisch aufpassen und äußerst flink sein, denn im Straßenverkehr gilt das Recht des Stärkeren – also das des Autos, das ein wichtiges Statussymbol ist. Verkehrsschilder und Ampeln sind höchstens Empfehlungen, und wer nachts mit Licht radelt, wird auch mal beschimpft, weil er einen Autofahrer geblendet hat. Trotzdem können manche Radler dem Pekinger Verkehr etwas abgewinnen. Wo die meisten von »Chaos« reden, gibt es durchaus Freunde des Durcheinanders, die behaupten, sie würden »gemächlich und entspannt« über die riesigen Kreuzungen der Innenstadt rollen – zusammen mit Millionen weiterer, klingelwütiger Chinesen: Fast zehn Millionen private Räder wurden 2003 in Peking registriert.

Am angenehmsten fährt es sich für Touristen wohl in den Hutongs, den klassischen Pekinger Wohnvierteln mit ihren ruhigen, engen Gassen, die ebenfalls Hutongs heißen. In Hutongs wie dem Dongcheng-Distrikt gibt es auch die besten Fahrradläden. Ein nagelneues, glänzendes Fahrrad für 70 bis 100 Euro kaufen sich die meisten allerdings nur einmal, denn am nächsten Tag ist es sowieso geklaut. Erwirbt man dagegen ein billiges Rad für 30 Euro oder ein rostiges gebrauchtes, muss man zwar nach zehn Minuten einen Reparaturstand wie den von Feng Zongwen ansteuern, weil die Bremsen nicht funktionieren oder ein Pedal abfällt. Das macht aber nichts, denn die Reparatur geht meistens erstaunlich schnell, wird sorgfältig ausgeführt und ist extrem günstig.

Die Abteilung gegen Fahrraddiebstahl des städtischen Büros für öffentliche Sicherheit ist, wie alle offiziellen Stellen, mit Blick auf die Olympischen Spiele 2008 in Peking seit geraumer Zeit besonders umtriebig. Sie unterstützt massiv den Ausbau eines Fahrradmietsystems, das es in Peking seit 2005 gibt. Die geplante Flotte von 50 000 Rädern an über 200 Stationen in der gesamten Stadt sei eine effektive Maßnahme, den Bürgern die Sorge vor den Diebstählen zu nehmen, heißt es. Sie habe die gleiche Priorität wie die Verminderung von Verkehrsstaus, Luftverschmutzung und Lärm. Vielleicht bringen die Bürokraten den Autofahrern auch gleich bei, etwas mehr Rücksicht auf Radfahrer zu nehmen.

Das idyllische Bild täuscht: Meistens müssen sich die rund zehn Millionen Radfahrer die Straßen mit Autofahrern teilen, die glauben, ihr Wagen hätte eine eingebaute Vorfahrt. Und den enormen Smog gibt es umsonst dazu.

Ein Unternehmer
in Deutschland

Michael Sittard ist Gründer und Geschäfts-
führer der Esri Geoinformatik GmbH.
Das Unternehmen in Kranzberg bei München
verknüpft Landkarten mit Informationen
über Verkehrswege, Kaufkraft und Flächen-
nutzung. Das Geschäft geht so gut, dass
der Umsatz sich in den letzten zwei Jahren
auf jetzt 40 Millionen Euro verdoppelt hat.
Wenn der 66-Jährige nicht arbeitet, besucht
er eines seiner fünf Kinder, kümmert sich
um das Waisenkinderprojekt seiner Firma
in Ruanda oder geht gut essen.

Deutschland

Einwohner: 82,4 Millionen
Währung: Euro
BIP pro Kopf: 22 367 Euro
Human Development Index: 22

Aktuelle Durchschnittskosten

1 Liter Normalbenzin: 1,35 Euro
1 Pfund Kaffee: 3 Euro
8-Gang-Menü in der Residenz
*   Winkler: 158 Euro*

Jahresverdienst:	Michael Sittard verdient im Jahr etwa 270 000 Euro brutto.
Kosten:	Jährlich gibt Michael Sittard rund 180 000 Euro aus. Das meiste davon fließt in Kapitaldienste, Kleidung und Essen.
Altersvorsorge:	Sittard hat einen geringen Rentenanspruch aus seiner Zeit als Assistent an der Hochschule und eine private Vorsorge durch Immobilien.
Was tun Sie, wenn Sie sich etwas Besonderes gönnen wollen?	»Ich lasse mich in der Residenz Winkler in Aschau am Chiemsee mit gutem Essen in ruhiger Atmosphäre verwöhnen.«
Was sind Ihre größten Probleme, und wie gehen Sie damit um?	»Schwierig finde ich Begegnungen mit Menschen, die einen ungerechtfertigten Machtanspruch haben. In der Regel versuche ich, mich von diesen Menschen unabhängig zu machen.«
Was bedeutet Ihnen Arbeit?	»Vielleicht ist das Thema meines Abituraufsatzes ein Hinweis: ›Ein erfülltes Leben ist ein Leben voller Arbeit‹.«
Was würden Sie tun, wenn Sie sich ein Jahr lang nicht um Ihren Unterhalt kümmern müssten?	»Genau das, was ich jetzt tue.«
Wie wird Ihr Unternehmen auf eine schlechte Konjunktur reagieren?	»Unser Unternehmen ist ein Wissensunternehmen und dadurch unabhängig von Zulieferern und Rohstoffpreisen. Wir halten unseren Technologievorsprung aufrecht und machen so auch in schlechten Zeiten keine Verluste.«

Was ist eigentlich Geoinformatik? Beziehungsweise: Woher weiß mein Navigationsgerät, dass ich gleich abbiegen muss?

Der Begriff der »Geoinformation« oder »Geoinformatik«, wie ihn die Firma von Michael Sittard im Namen führt, ist seit Anfang der 1990er Jahre gebräuchlich. Er ist demnach nicht sonderlich alt angesichts der Geschichte der Kartografie, die hier nur anhand dreier Zeitpunkte zusammengefasst werden soll: Von ungefähr 450 vor Christus stammt die Weltkarte des Herodot, Mitte des 19. Jahrhunderts wurden die ersten topografischen Karten in Deutschland gedruckt, und in den 70er Jahren des 20. Jahrhunderts begann man, Karteninformationen, die zum größten Teil aus Satellitendaten bestehen, auf elektronischen Datenträgern zu speichern.

Seitdem ist alles anders im Kartenwesen. Private und professionelle Kartenliebhaber mögen noch ihre feinen Kupfer- und Stahlstiche oder Lithografien aus den vergangenen Jahrhunderten als historische Referenz an den Wänden hängen haben. Und selbstverständlich können unterschiedliche Karten und Pläne auf Papier im Alltag nach wie vor nützlich sein. Für die Branche ist jedoch entscheidend, dass mit der Entwicklung der Informations- und Kommunikationstechnologie aus elektronischen Daten längst digitale Informationen geworden sind – und damit immense neue Möglichkeiten des interaktiven Gebrauchs entstanden.

1994 wurde der Deutsche Dachverband für Geoinformation e.V. (DDGI) gegründet, eine bundesweit agierende Koordinations- und Lobbystelle, die die Nutzung bundesdeutscher Geodaten national und international bewirbt, aber auch zwischen Politik und Wirtschaft vermittelt. Über den vier Jahre später eingerichteten Interministeriellen Ausschuss für Geoinformationswesen (IMAGI) hat sich außerdem das Innenministerium eingeschaltet. Die Hoheit über die Daten liegt allerdings bei den Landesvermessungsämtern der Bundesländer, die mittlerweile Landesämter oder Verwaltungen »für Vermessung und Geoinformation« heißen.

Sie alle wissen, dass Geoinformationen ungeheure ökonomische Werte darstellen. Die Spitze des Eisbergs kennt jeder: Navigationssysteme, die den Autofahrer durch unbekannte Gebiete lotsen. Doch in Zukunft könnten Karten, die auf persönliche Interessen und Vorlieben Rücksicht nehmen und zum Beispiel aufs Handy geladen werden, noch zu viel mehr in der Lage sein. Einen Vorgeschmack darauf geben uns verhältnismäßig neue Anwendungen im Internet, wie etwa das ungemein erfolgreiche Google Earth. Firmen wie die von Michael Sittard arbeiten heute an Anwendungen, die uns noch utopisch vorkommen, die aber in einigen Jahren zum Alltag gehören könnten.

Davon haben viele Menschen geträumt: die Welt in der Hand zu haben. Doch eine exakte Karte ist nur ein Teil eines Navigationssystems: Ebenso wichtig sind die Standortlokalisierung des Trägers über Satellit und die Berechnung des besten Weges zum Ziel, das sogenannte Routing.

Ein Oberarzt in England

Jon Scott ist 37 Jahre alt und Oberarzt in einem Krankenhaus in South Shields. Auf seiner Station liegen in der Regel rund 45 Patienten, die unter altersbedingten Krankheiten leiden. Daneben besucht Scott zweimal pro Woche 30 bis 40 Patienten zu Hause, arbeitet in der Notaufnahme, ist als Ausbilder für junge Ärzte tätig und entscheidet im Krankenhauskomitee mit über die künftige Entwicklung des Hauses. Laut Arbeitsvertrag muss er 56 Stunden in der Woche arbeiten, tatsächlich arbeitet er etwa 76 Stunden. Außerdem steht er an 13 Wochenenden im Jahr für Notfälle im Krankenhaus auf Abruf. Scott hat zwei Töchter, die bei seiner Ehefrau leben, und wohnt mit einer anderen Frau zusammen.

England

Einwohner: 49,5 Millionen
Währung: 100 Britische Pfund
*   = 144,20 Euro*
BIP pro Kopf: 22 544 Euro
Human Development Index: 16

Aktuelle Durchschnittskosten

1 Bier im Pub (Pint): 2,88 Euro
1 Liter Milch: 50 Cent
1 Brötchen: 14 Cent
1 Liter Diesel: 1,40 Euro
Fish and Chips: 5,30 Euro
1 Tube Zahnpasta: 1,44 Euro
Restaurantbesuch für zwei Personen
*   (indisch): 50 Euro*
1 Fernseher (Flatscreen): ab 260 Euro

Monatsverdienst, Monatsgrundkosten, Altersvorsorge:	Jon Scott verdient 13 300 Euro brutto im Monat, nach Steuern bleiben rund 8900 Euro. Der Leasingvertrag seines Autos kostet ihn monatlich 215 Euro, Essen und Kleidung 430 bis 570 Euro. Die Miete seines Hauses beträgt 790 Euro. Seiner Frau und den Kindern gibt er 2600 Euro im Monat. 860 Euro zahlt er in einen Pensionsplan, sein Arbeitgeber gibt denselben Betrag dazu.
Was ist das Wichtigste in Ihrem Leben?	»Meine Kinder. Alexandra ist 10, Lauren ist 9. Wegen der Trennung von meiner Frau habe ich die beiden in letzter Zeit selten gesehen. Wir haben jetzt aber eine Vereinbarung, dass ich die Mädchen wöchentlich sehe. Außerdem bin ich ein begeisterter Läufer. In diesem Jahr werde ich am ›Great North Run‹ teilnehmen. Das ist ein 20-Kilometer-Lauf von Newcastle nach South Shields.«
Was bedeutet Ihnen Arbeit?	»Die medizinische Seite macht mir nach wie vor viel Spaß. Ich schätze den täglichen Kontakt mit Menschen, außerdem mag ich Überraschungen: Ich habe jeden Tag einen Stundenplan, aber es passiert immer etwas Unerwartetes.«
Wie sehen Sie das britische Gesundheitssystem?	»Es ist sehr effizient. Ich finde es auch gut, dass Krankenhäuser immer stärker betriebswirtschaftlich geführt werden. Das schafft unterm Strich eine größere Auswahl an Behandlungsmöglichkeiten für die Patienten.«

Der Great North Run: Der beliebteste Volkslauf Englands ist nicht nur ein Sportereignis, sondern auch ein Fest mit hohem Unterhaltungswert.

Ein begeisterter Läufer wie Jon Scott kommt in England um den »Great North Run« nicht herum. Der Volkslauf von Newcastle upon Tyne bis South Shields gilt als einer der bedeutendsten und größten Halbmarathons der Welt. Ins Leben gerufen hatte ihn Brendan Foster, der bei den Olympischen Spielen 1976 als Läufer über 10 000 Meter dabei war und später für die BBC als Sportreporter arbeitete. Seit 1981 findet der Volkslauf statt, und seitdem befindet sich Newcastle einmal im Jahr im Spätsommer in einem Ausnahmezustand.

Mittlerweile werden mehr als 50 000 Startplätze vergeben, und alle laufen mit: vom hochrangigen Manager bis zur Marktfrau, vom ehrgeizigen Profisportler mit vorderster Startposition über internationale Lauftouristen bis zu den Fun-Runnern, die gern in bunten Kostümen ins Rennen gehen. Das letzte Viertel der Läufer, das im Schlussteil des vier Stunden dauernden Finishs das Ziel erreicht, erinnert deshalb auch eher an einen fröhlich dahinstolpernden Karnevalszug als an eine Sportveranstaltung.

Spannend wird der Lauf natürlich durch die Leistungssportler. Ein Halbmarathon geht über 21,0975 Kilometer, exakt die Hälfte eines Marathons. Die Besten laufen die Strecke in ungefähr einer Stunde. Der Rekord der Herren liegt bei 59:05 Minuten und stammt von Zersenay Tadesse aus Eritrea im Jahr 2005; jener der Frauen bei 65:40, 2003 gelaufen von der Britin Paula Radcliffe. Obwohl diese Zeiten in der Läuferszene durchaus angesehen sind, gelten sie nicht als offizielle Weltrekorde, da

die Strecke für solche Wertungen zu abschüssig ist. Also gibt man in Newcastle wie woanders auch stattdessen mit den eigenen Rekorden und Trubelhöhepunkten an. Eigenwerbung ist trotz des Erfolgs durchaus sinnvoll, denn Konkurrenz für den Lauf gibt es reichlich: Vor allem der Londoner Halbmarathon ist dem Great North Run in Beliebtheit und Läuferzahl dicht auf den Fersen.

Neben der sportlichen Qualität sollte man den Unterhaltungswert des Great North Run nicht unterschätzen: Wenn von den 50 000 Startern nur knapp 40 000 Läufer ans Ziel kommen, ist das nicht zwangsläufig der mangelnden Kondition geschuldet. Es gibt auch den bei Volksfesten üblichen Anteil an Spaßvögeln, der unterwegs lieber bei einem Bierchen oder vor einer der vielen Bühnen mit Livemusik hängen bleibt. Und danach dem Zieleinlauf ein Nickerchen im Kornfeld vorzieht.

2007 gehörte zum Rahmenprogramm des Great North Run auch eine der berühmten Flugshows des Royal Airforce Aerobatic Team, genannt Red Arrows. Die Kunstflugstaffel der englischen Luftwaffe existiert seit 1964 und gilt als eine der besten Luftakrobatengruppen der Welt.

Ein Einzelhandelskaufmann auf den Färöern

Leif Waag Høgnesen, 44, lebt zusammen mit seiner Frau in Klaksvík, der mit rund 4800 Einwohnern zweitgrößten Stadt auf den Färöern. Er übernahm mit 17 den Lebensmittel- und Haushaltswarenladen seines Vaters. Høgnesen inseriert in der lokalen Zeitung und im Internet, die Waren liefert er nach telefonischer Bestellung den Kunden auch ins Haus. So bleibt er konkurrenzfähig.

Färöer (autonome Region Dänemarks)

Einwohner: 47 511
Währung: 100 Färöische Kronen
  = 13,42 Euro
BIP pro Kopf: 21 736 Euro
Human Development Index: 14

Aktuelle Durchschnittskosten

1 Liter Benzin: 1,17 Euro
1 Laib Brot: 2,68 Euro
1 Bier (0,33 l): 3,36 Euro
8 Früchte: 2,68 Euro
Kinokarte: 10,75 Euro

Monatlicher Verdienst und Grundkosten:	Høgnesens Einkommen beträgt zwischen 2000 und 2700 Euro brutto, davon geht fast die Hälfte als Steuern ab. Seine Frau und er brauchen im Monat zwischen 1750 und 1900 Euro, um die Raten für das Haus abzubezahlen und die laufenden Kosten für Lebensmittel, Energie und Telefon zu decken. Das schaffen sie nur, weil seine Frau bei der Post arbeitet, wo sie 1500 Euro brutto verdient.
Was bedeutet Ihnen Arbeit?	»Die Arbeit ist mir sehr wichtig, da ich durch sie mit Menschen in Kontakt komme.«
Was sind Ihre größten Probleme, und wie gehen Sie damit um?	»Mein größtes Problem ist der Alkohol! Er hindert mich daran, meine Träume zu verwirklichen. Ich habe Blue Cross, ein Zentrum für Alkoholabhängige, besucht und mir psychologisch helfen lassen. Jetzt nehme ich unter therapeutischer Betreuung schon seit über drei Jahren Antabus, ein Entwöhnungsmittel, um vom Alkohol loszukommen.«
Was würden Sie tun, wenn Sie sich ein Jahr lang nicht um Ihren Unterhalt kümmern müssten?	»Ich würde in einem Kibbuz in Israel leben. Meine Frau hat eine längere Zeit in einer kollektiven Siedlung in Israel gelebt und mir darüber viel Gutes erzählt.«
Sie leben auf einer Insel. Wie prägt das Ihr Leben?	»Ich habe die Insel noch nie verlassen. Ich habe keine Vorstellung davon, wie es ist, auf dem Festland zu leben. Doch ich liebe das Leben hier, es ist sehr friedlich. Ich fühle mich Klaksvík, der Stadt, in der ich aufgewachsen bin, sehr verbunden. Ich genieße es, dass ich meine Familie, die in naher Umgebung lebt, jederzeit sehen kann. Ich denke, dass viele Insulaner, die es in die Ferne treibt, nach einer Weile auf die Insel zurückkehren.«

Eines der ältesten Parlamente der Welt: Das Løgting ist das Symbol eines eigensinnigen Inselvolks mit unbeugsamem Willen zur Selbstbestimmung.

Leif Waag Høgnesens Liebe zu seinem Land auf den 18 Inseln ist wenig verwunderlich – wenn sie wollten, könnten die Färinger mit einigen Superlativen angeben: Ihr Sozialstaat gilt als vorbildlich, die Arbeitslosenquote ist mit 1,5 Prozent (Juli 2007) die geringste in ganz Europa. Das Land weist die höchste Geburtenrate der nordischen Länder auf und hat gleichzeitig die wenigsten Scheidungen, die wenigsten Abtreibungen und Selbstmorde sowie die wenigsten Gefängnisinsassen pro Kopf auf der ganzen Welt.

Wie Grönland haben auch die Färöer den Status einer gleichberechtigten Nation innerhalb des Königreichs Dänemark. Sie stellen zwei ständige Abgeordnete im dänischen Parlament, dem Folketing, wo die Außenpolitik und die Landesverteidigung der Färöer geregelt werden. Alle anderen Belange der knapp 50 000 Einwohner liegen seit 1948 in den Händen der färöischen Volksvertretung, dem Løgting. Und dieser ist, um einen weiteren Superlativ zu benennen, eines der ältesten Parlamente der Welt.

Schon die ersten nordischen Siedler aus den Reihen der Wikinger hielten es für sinnvoll, ein Plenum aller Großbauern zu gründen, um eine halbwegs demokratische Selbstverwaltung zu gewährleisten. Dessen Entstehung datieren Historiker etwa auf das Jahr 900. Es dauerte allerdings nicht lange, bis die Inselgruppe unter fremde Herrschaft fiel, zunächst unter die der Norweger. Die Färinger hatten die Gesetzgebung in dieser Zeit zwar nicht in eigener Hand, ihr Løgting pflegten und festigten

sie im 13. und 14. Jahrhundert trotzdem. Im weiteren Verlauf wechselten die Machthaber, unter der dänischen Herrschaft im 19. Jahrhundert war das Parlament zwischen 1816 und 1852 sogar aufgelöst. Doch das Inselvolk nutzte jede Gelegenheit, seinen Willen zur Selbstverwaltung zu betonen.

Die heutige Situation verdanken die Färinger dem Zweiten Weltkrieg. Ab April 1940 lebten sie unter britischen Besatzern, die den Archipel nicht auch noch den Deutschen überlassen wollten, nachdem die schon Dänemark und Norwegen besetzt hatten. An einer Annektierung waren die Briten aber nicht interessiert, und so hatten die Färinger Gelegenheit, die Nachkriegszeit gründlich vorzubereiten. Am 31. März 1948 wurde schließlich das bis heute geltende Autonomiegesetz beschlossen, das dem Løgting endlich wieder gesetzgebende Macht verlieh – zum ersten Mal seit dem Jahr 1274.

Auf den Färöern geht es tatsächlich so idyllisch zu, wie es dieses Bild von der Insel Koltur nahelegt: Seit mehr als 50 Jahren bekommen dieselben vier Parteien jeweils rund 20 Prozent der Stimmen, so dass sich die Abgeordneten immer wieder auf Kompromisse einigen müssen, die für alle gut sind.

Ein Rentner
in Frankreich

Jean Charbonnier, 77, lebt zusammen mit seinem jüngsten Sohn und seiner zweiten Ehefrau in seinem Haus in Rouen, der Hauptstadt der Normandie. Vier weitere Kinder leben im ganzen Land verteilt, ein Sohn ist in die USA ausgewandert, außerdem hat Charbonnier acht Enkelkinder. Vom Abitur bis zur Rente arbeitete er für die France Telecom. Seine innerbetriebliche Ausbildung zum Ingenieur schloss er mit 34 Jahren ab.

Frankreich

Einwohner: 60,9 Millionen
Währung: Euro
BIP pro Kopf: 22 120 Euro
Human Development Index: 10

Aktuelle Durchschnittskosten

1 Baguette: 85 Cent
1 Bier (0,33 l) im Restaurant:
* 3,34 Euro*
1 Cappuccino im Restaurant:
* 3,15 Euro*
1 Kugel Eis: 1,86 Euro
1 Portion Pommes frites: 2,23 Euro
1 Liter Benzin (Super bleifrei):
* 1,24 Euro*
Taxifahrt, 5 Kilometer: 10,54 Euro
Strafe für Falschparken: 30,20 Euro
1 T-Shirt: 15,13 Euro
20 Kopfschmerztabletten: 3,69 Euro

Monatlicher Verdienst und Grundkosten:	Jean Charbonnier bekommt pro Monat 3480 Euro, seine Frau 200 Euro Rente. Die Krankenversicherung kostet monatlich 382 Euro, seine Zusatzversicherung 80 Euro. Für sein Haus in Rouen und sein Elternhaus auf dem Land zahlt Charbonnier 400 Euro Steuern im Monat. Die Versicherung seiner Häuser kostet ihn 33 Euro, das Auto 21 Euro. Weil sein jüngster Sohn arbeitslos ist, kommt Charbonnier auch für dessen Kosten auf. Er zahlt im Monat etwa 480 Euro für Lebensmittel, 70 Euro für seine Handyrechnung, 22 Euro fürs Internet und 9 Euro für Telefonate in die USA. Als Rentner der Telecom muss er keine Grundgebühr zahlen.
Was bedeutet Ihnen Arbeit?	»Meine Arbeit hat mich immer interessiert und ist mir nie zur Last geworden. Ich habe sieben Jahre länger gearbeitet, als ich musste, ohne dafür mehr Rente zu bekommen. Einfach nur, weil es mir Spaß gemacht hat.«
Was sind Ihre größten Probleme, und wie gehen Sie damit um?	»Ich mache mir große Sorgen um meinen jüngsten Sohn. Er ist Informatiker und findet keinen Job. Früher, als ich noch gearbeitet habe, hätte ich ihm helfen können. Aber jetzt nicht mehr. Ich habe Angst, dass er allein sein wird, wenn meine Frau und ich nicht mehr leben.«
Was tun Sie, wenn Sie sich etwas Besonderes gönnen wollen?	»Mein Handy ist etwas Besonderes. Ich habe es gerade neu. Der eingebaute Fotoapparat ist wirklich praktisch.«
Was machen Sie in Ihrer Freizeit?	»Seit 25 Jahren bin ich im Verein St. Vincent de Paul und besuche regelmäßig einsame Menschen in Altenheimen. Ich bin dort Sekretär, ich schreibe Briefe und Protokolle. Viele Rentner sind in solchen wohltätigen Vereinen. Einen Rentner, der sich langweilt, kenne ich eigentlich nicht.«

Hightech für Senioren: Die Alten werden immer jünger – und wollen Computer, Handys und CD-Player, die man auch noch mit zittrigen Fingern bedienen kann.

Alle wollen lange leben, aber niemand wird gerne alt. Denn im Alter ist man ebenso auf Medizin und Fürsorge angewiesen wie auf Dinge, die einem das Leben erleichtern. Dabei geht es nicht mehr nur um Gehhilfen, die sich als Nordic-Walking-Stöcke tarnen, sondern auch um Hightechprodukte, die wir heute für alltäglich halten – die für Senioren allerdings noch sehr teuer sind.

Aber zumindest ist vieles schon machbar. So wurden zum Beispiel in Zusammenarbeit mit der Deutschen Gesellschaft für Gerontotechnik nahezu alle Probleme des altengerechten Wohnens gelöst: von der Steuerung der Beleuchtung über die Fernsteuerung von Türen bis zur Notrufanlage. Nur sind dabei fast ausschließlich teure Spezialanfertigungen entstanden, weil viele Firmen noch keinen Markt für die Massenproduktion sehen. Bei Kleinprodukten sieht es ähnlich aus: Von der digitalen Lupe mit Beleuchtung bis zur großen Trackballmaus für den Computer wird längst alles Mögliche angeboten. Aber ein in der Masse erfolgreiches Seniorenprodukt gibt es nicht – außer dem Blutdruckmessgerät fürs Handgelenk. In der Produktion wie im Marketing scheint ein Fakt noch nicht angekommen zu sein: In wenigen Jahren werden 50 Prozent der Deutschen über 50 Jahre alt sein.

Jean Charbonnier hat Glück, dass er in Sachen Telefonieren ein alter Hase ist. Aber nicht jeder Rentner hat sein Arbeitsleben bei einer Telekommunikationsfirma verbracht. Und um bei Handys vor winzigen Tasten und komplizierten Menüs zu kapitulieren, muss man nicht einmal alt sein. Doch auch hier sind längst Lösungen in Sicht. Wissenschaftler und Techniker des Forschungsprojekts »Sentha« an der TU in Berlin erforschen seit Jahren das richtige Verhältnis von Tasten- und Displaygröße, von Übersichtlichkeit und Kompaktheit, damit auch Senioren gut mit elektronischen Geräten umgehen können. Und in Bad Tölz ermittelt das Generationen-Forschungsprogramm der Universität München in Fahrsimulatoren die richtige Position für Anzeigen und Assistenzsysteme im Auto. Das Team hat außerdem einen CD-Player für sechs Musikstücke in Form eines Würfels entwickelt, mit dem Demenzkranke überraschend gut klarkommen.

Unter dem Strich aber stoßen alle Forscher immer wieder auf die gleiche Frage: Wie schaffen wir eine bedienungsfreundliche Benutzeroberfläche, hinter der die komplexe Technik funktioniert? Und das interessiert nicht nur Senioren. So ist es gut möglich, dass irgendwann alle von Produkten für ältere Menschen profitieren – auch wenn sie für diese eigentlich noch zu jung sind.

Mal ehrlich: Wer will schon auf Mobiltelefon und Internet verzichten, nur weil er plötzlich alt ist? Also bitte, liebe Industrie: Baut uns Tastaturen und Displays, mit denen wir auch noch zum 100. Geburtstag eine Rundmail verschicken können.

Ein Telefoncenterbetreiber in Gambia

Djibril Coly ist nach eigenem Bekunden ein »großer Geschäftsmann«. Lange Zeit hat er in einer Bäckerei gearbeitet, seit einem halben Jahr ist der 36-Jährige selbstständig und betreibt in Gambias Hauptstadt Banjul ein Telefoncenter. In seiner kaum drei Quadratmeter großen Kabine kann man von zwei Standardtastentelefonen aus in die ganze Welt telefonieren. Kunden hofft Coly genug zu finden, denn der Containerhafen der Stadt zieht viele Lkw-Fahrer aus dem rund 600 Kilometer entfernten Guinea an. Coly ist ledig und hat zwei Kinder, die bei ihrer Mutter in seinem Heimatdorf leben.

Gambia	Aktuelle Durchschnittskosten
Einwohner: 1,7 Millionen	1 Teller Reis mit Fisch im Billig-restaurant: 1 Euro
Währung: 100 Gambische Dalasi = 3,85 Euro	1,5 Liter Mineralwasser: 90 Cent
BIP pro Kopf: 1402 Euro	1 Liter Benzin: 1,10 Euro
Human Development Index: 155	4 Stunden Überlandfahrt im Sammel-taxi: 2,50 Euro
	1 Adidas-T-Shirt im Hafen von Banjul: 5 Euro
	15 Minuten Inlands-Telefongespräch bei Djibril Coly: 4,5 Cent
	1 Minute Auslands-Telefongespräch bei Djibril Coly: 1,7 Cent

Monatsverdienst, monatliche Grundkosten, Altersvorsorge:	Colys Telefoncenter wirft – wenn es gut läuft – etwa 180 Euro im Monat ab. Davon zahlt er 12 Euro für seine Zweizimmerwohnung im Westen Banjuls und täglich 1,50 Euro für Essen. Vom Rest muss er die Raten eines Kredits über 420 Euro zurückzahlen, den ihm sein Bruder, ein Import-Export-Händler in Banjul, für den Aufbau seines Telefoncenters gegeben hat. Seine Altersvorsorge sind seine Kinder: »Ich muss so viel sparen, dass sie mich im Alter mit versorgen und pflegen können.«
Was tun Sie in Ihrer Freizeit?	»Manchmal schließe ich schon um sechs und gehe Fußball spielen. Alle hier mögen Fußball, besonders die deutschen Spieler.«
Was ist das Wichtigste in Ihrem Leben?	»Die Arbeit. Meine Arbeit macht mir Spaß. Irgendwann möchte ich im Handel tätig sein.«
Was möchten Sie in Ihrem Leben verändern?	»Ich hätte gerne einen Garten und eine Wasserpumpe, um ein bisschen was anzubauen. Und ein paar Hühner, dann könnte ich Eier verkaufen.«
Was erwarten Sie von der Zukunft, und was tun Sie dafür?	»Die gambische Wirtschaft entwickelt sich nur langsam, es gibt hier kaum Fabriken, die wir dringend bräuchten. Und ich wäre froh, wenn ich einen Freund in Europa hätte, dann könnte ich in den internationalen Handel einsteigen. Wir könnten hier Secondhandartikel aus Europa verkaufen. Die bräuchte mir nur jemand in Containern zu schicken.«

Telecenter in Afrika: Telefon und Internet verbinden in Afrika nicht nur Menschen, sondern fördern auch die Entwicklung.

Selbstverständlich gibt es auch in afrikanischen Städten überall Handys – aber eben nur in den Ballungsräumen. Die Bevölkerung Gambias ist mit einer der prozentual höchsten Mobilfunkquoten von ganz Afrika gesegnet. Und dennoch decken die beiden Mobilfunknetze, die afrikaweit regional arbeitende Africell und das Netz der staatlichen Gambia Telecommunications Company Ltd, längst nicht alle Gebiete des kleinsten Flächenstaates des Kontinents ab. Insofern gibt es für die öffentlichen Telefone in den Telecentern nach wie vor einen Bedarf, vor allem für Telefonate ins Ausland.

Mit nur zwei Telefonen wird Djibril Colys Telecenter in Banjul trotzdem nicht mehr lange existieren. Das liegt weniger daran, dass sein Kundenkreis kaum weiter wachsen kann, weil sich die aus allen Nähten platzende Hauptstadt auf einer kleinen, vorgelagerten Insel in der Kombo-St. Mary Area befindet und deshalb eine weitere Ausbreitung nicht möglich ist. Ein ernsteres Problem für Coly dürfte das Internet sein: Im Jahr 2005 wurde geschätzt, dass infolge einer Verzehnfachung der Anmeldungen seit 2001 zirka sechs Prozent der 15- bis 64-Jährigen in Gambia einen privaten Internetzugang haben. Dazu kommen die Benutzer öffentlicher Internetstationen, also diejenigen, die sich kommerzielle, kommunale und andere Zugänge teilen. Ihre Zahl ist kaum einzuschätzen.

Wie auf dem gesamten Kontinent erleben auch in Gambia die Telecenter einen neuen Boom – aber eben nur jene, die neben Telefon und Fax auch Internet anbieten. »Cybercafes« sind längst weit verbreitet, und Entwicklungswissenschaftler befürworten ihre Einrichtung energisch. Wie so viele Kommunikationstechnologien können sie die Entwicklung fördern und dabei helfen, den Graben zwischen Arm und Reich etwas zu verkleinern.

Denn wenn die Leute miteinander reden und sich schreiben können, federt das viele Probleme des Alltags ab, trotz schlechter Infrastruktur auf dem Land, trotz Analphabetismus – und sogar trotz viel zu hoher Internetgebühren: Es heißt, 20 Onlinestunden kosteten in Afrika im Durchschnitt rund 60 Dollar – das ist mehr als ein durchschnittliches Monatsgehalt. Billiger wäre besser. Deshalb sind die Entwicklungsprogramme, die den Internetaufbau in Afrika fördern wollen, nicht so abwegig, wie es im ersten Augenblick scheint.

Dieser Junge benutzt ein mit Mobilfunktechnik aufgerüstetes altes Telefon, wie sie inzwischen in einigen Ländern Afrikas verbreitet sind. Die Betreiber vermarkten die Apparate als mobile Telefonzellen und ziehen damit auf der Suche nach Kunden durch die Dörfer.

Ein Wassertaxifahrer
in Grenada

Cuthbert Snagg, 39, macht mit Karibik-
reisenden Touren mit seinem Wassertaxi,
außerdem vermietet er Segelboote, Surf-
bretter und Fahrräder. Aus Überzeugung ist
er Umweltbeauftragter für die unbewohnte
Insel Salina – für diese Arbeit bekam er
den Orden »Member of the British Empire«
verliehen. Er ist ledig und hat einen zwei-
jährigen Sohn.

Grenada

Einwohner: 89 971
Währung: 100 Ostkaribische Dollar
 = 27 Euro
BIP pro Kopf: 2734 Euro
Human Development Index: 82

Aktuelle Durchschnittskosten

1 Liter Milch: 2,68 Euro
1 Kilo Kartoffeln: 96 Cent
1 Liter Benzin: 75 Cent

Monatlicher Verdienst:	Für die Verwaltung von Salina Island zahlt die Regierung 135 Euro im Monat. Das Einkommen aus dem Tourismus schwankt. Ein schlechter Monat bringt 135 Euro, ein Filmteam, das einen Werbespot dreht, 5400 Euro.
Monatliche Grundkosten:	68 Euro für Lebensmittel. Keine Miete, Cuthbert Snagg wohnt im Haus seiner Verwandten. 1890 Euro im Jahr kostet die Unfallversicherung für die Boote. Die Versicherung für die Kunden zahlt die Tourismusbehörde.
Altersvorsorge:	Zum Sparen ist nichts übrig. Im Notfall könnte Snagg ein geerbtes Grundstück beleihen, auf dem er später bauen will.
Wie und wie oft machen Sie Urlaub?	»Mein bislang einziger Fernurlaub war 1991 eine sechsmonatige Tour durch die USA. Manchmal gönne ich mir einen schönen Tag auf einer Nachbarinsel, zum Beispiel St. Vincent, aber ich werde schnell nervös. Meist fragen Gäste nach mir, wenn ich weg bin. Und mir fällt es schwer, einen Vertreter zu finden, der das Geschäft genauso ernst nimmt wie ich.«
Was ist das Wichtigste in Ihrem Leben?	»Die Umwelt. Die Natur, wie ich sie als Kind erlebt habe, gibt es hier schon nicht mehr. Ich lebe von den Inseln und dem Meer, also werde ich alles tun, um sie zu schützen.«
Welchen Stellenwert hat das Geld in Ihrem Leben?	»Geld ist nur wichtig, weil man es braucht, um zu überleben. Ich kann mit sehr wenig auskommen und glücklich sein.«
Was würden Sie gern in Ihrem Leben ändern?	»Ich würde gern eine Weile reisen. Und könnte ich es mir leisten, würde ich Mitarbeiter anstellen. Ich würde den jungen Leuten hier gern mehr Verantwortungsgefühl beibringen, für das Geschäft und für die Natur.«

Umweltprobleme in der Karibik: Jenseits der weißen Strände wachsen die Müllberge – und die Touristen tragen einen kräftigen Teil dazu bei.

Dass die Hurrikans Ivan im September 2004 und Emily im Juli 2005 die Inselgruppe Grenada so direkt erwischten, hat die Regierungen und Bewohner des südlichen Teils der Karibischen Inseln aufgeschreckt. Denn gewöhnlich ziehen die Unwetter nördlich an den Kleinen Antillen, zu denen Grenada zählt, vorbei. Doch Hurrikan Ivan zerfetzte nicht nur fast 90 Prozent der Häuser und der Wälder, sondern legte auch die Exportindustrie lahm, unter anderem den Bananenanbau. Außerdem bekamen die in Grenada lebenden Menschen die mittelfristigen Folgen zu spüren, wie zum Beispiel den Rückgang des Tourismus. So etwas trifft auch einen Wassertaxibesitzer wie Cuthbert Snagg.

Naturkatastrophen sind nicht das einzige Problem in der von weitem so paradiesisch wirkenden Karibik. Die Umweltverschmutzung zeigt sich mit jedem Jahr deutlicher im Alltag der Menschen. Dazu gehört der wachsende Industriemüll, wie etwa Rückstände der in der Landwirtschaft intensiv eingesetzten Düngemittel oder toxische Chemikalien aus der Produktion von billigen elektronischen Konsumgütern. Meistens gehen diese Stoffe ungefiltert ins Meer, mit den immer gleichen Folgen: unmäßige Algenvermehrung und das Ausbleichen der Korallenriffe.

Eine andere Umweltbelastung ist ein ebenso bekanntes wie komplexes Problem: der Tourismus. Von ihm leben viele Menschen in der Karibik, während er den Trauminseln gleichzeitig wachsende Müllberge beschert. In Berichten des United Nations Environment Programme (UNEP) ist angesichts von jährlich gut 50 000 Kreuzfahrtschiffen, die bei rund 3000 Passagieren täglich im Durchschnitt bis zu 1200 Kubikmeter Abwässer ins Meer leiten, schon von der »Tourismuskloake Karibik« die Rede. Ganz zu schweigen von den 70 Litern Sondermüll, die in der Karibik täglich anfallen, zum Beispiel durch Fotoentwickler und Batteriesäure.

Wer sich jemals in der karibischen Idylle geräkelt hat, weiß, wie fern und geradezu unmöglich einem diese Müllberge erscheinen können. Und wer denkt schon daran, dass sich in der leeren Getränkedose, die einem gerade aus der Hand gefallen ist, nach ein paar Tagen Brackwasser gesammelt hat, in dem die Larven von Insekten gedeihen, die Malaria oder Denguefieber übertragen können. Glücklicherweise kann zumindest solche Umweltprobleme jeder selbst von vornherein verhindern.

Allen Statistiken zum Trotz ist die Karibik immer noch ein Paradies. Und jeder Besucher kann mit dafür sorgen, dass das so bleibt: zum Beispiel indem er statt billiger Schnäppchen die Angebote des sanften, umweltfreundlichen Tourismus nutzt.

Ein Kaffeefarmer
in Honduras

Carlos Francisco Castejon ist 31 Jahre alt und ledig. Er lebt mit seinen Eltern auf einer Hacienda in den Bergen von Honduras. Haupteinnahmequelle der Farm ist der Kaffee- und Kardamomanbau, daneben züchtet die Familie Rinder und Pferde. Castejon, der in den USA Landwirtschaft und Landschaftsgärtnerei studiert hat, wird die Hacienda eines Tages leiten; bis dahin bewirtschaftet er einen Teil davon. Er hat zwei Schwestern und zwei Brüder.

Honduras

Einwohner: 7,5 Millionen
Währung: 100 Honduranische
*   Lempira = 3,81 Euro*
BIP pro Kopf: 2174 Euro
Human Development Index: 115

Aktuelle Durchschnittskosten

1 Liter Milch: 47 Cent
1 Liter Benzin: 65 Cent
DVD-Ausleihgebühr (Kinos gibt es
*   nur in zwei Städten): 1,07 Euro*

Monatlicher Verdienst und Grundkosten:	Castejon erwirtschaftet umgerechnet etwa 1000 Euro im Monat. Davon muss er seine Arbeiter bezahlen: fünf Cowboys, die sich um die Rinder kümmern, zwei für die Pferde sowie Saisonkräfte, die Kaffee und Kardamom pflücken. Inklusive des Tierarztes gibt er so monatlich 520 Euro für Löhne aus. Kost und Logis sind für die Mitarbeiter frei. Sein Vater hat sogar einen Lehrer eingestellt, der die Kinder der Mitarbeiter kostenlos unterrichtet. Castejon wohnt im Haus der Familie mietfrei, für ein weiteres Haus in Copán Ruinas, einer kleinen Stadt 25 Kilometer von der Hacienda entfernt, zahlt er rund 200 Euro Miete. Hinzu kommen eine Rate von 170 Euro für sein Auto und 100 Euro für Lebensmittel.
Wie und wie oft machen Sie Urlaub?	»Ich arbeite jeden Tag, aber dafür nehme ich alle zwei Monate drei Tage frei und fahre weg. Dann tue ich nichts außer schlafen und essen. Das ist ein großes Privileg. Für die meisten Honduraner sind Ferien ein Fremdwort.«
Was ist Ihr größtes Problem, und wie gehen Sie damit um?	»Ich habe seit meinem Aufenthalt in den USA andere Vorstellungen vom Leben als die meisten Honduraner, einen anderen Horizont. Deshalb bleibe ich ein paar Mal in der Woche abends in Copán Ruinas, wo es berühmte Maya-Ruinen gibt. Da leben viele Ausländer, die Hotels oder Restaurants betreiben. Einige von ihnen sind meine besten Freunde.«
Überall am Straßenrand liegen Plastikflaschen, Styroporverpackungen und Tüten. Seit wann hat Honduras ein Müllproblem?	»Erst seit Fastfood populär ist. Früher gab es nur organische Abfälle. Die wurden vor die Tür geworfen, zusammengekehrt und angezündet. Das geht mit Plastik nicht. Aber das haben die Menschen noch nicht begriffen.«

Das Königreich Copán: 1000 Jahre war es eine Legende – bis man mitten im Urwald die Reste dieser großen untergegangenen Kultur fand.

Als die Menschen in Honduras sowie den angrenzenden Staaten Nicaragua und Guatemala im September 2007 erneut von einem Hurrikan heimgesucht wurden, befürchteten sie das Schlimmste: Seit zehn Jahre zuvor der Hurrikan Mitch das Land verwüstet hatte, saß den Einheimischen die Angst in den Knochen. Damals war auch das bergige Grenzland zwischen Honduras und Guatemala von der Naturkatastrophe betroffen – doch die dort nahe dem Örtchen San José de Copán gelegenen Copán Ruinas, die Carlos Francisco Castejon so gerne besuchte, profitierten sogar von Mitch: Als ein sonst kleiner Fluss in dieser Gegend über die Ufer trat, legten die Wassermassen tatsächlich einen weiteren Teil der alten Maya-Stätten frei. Dieses Areal, das heute »Las Sepulturas« heißt, erlaubt den Besuchern einen Einblick in die Wohnstätten der adeligen Ureinwohner.

Copán war einst ein mächtiges Königreich. Es wurde im Jahr 160 gegründet, seine Blütezeit erlebte es im 7. und 8. Jahrhundert. Was damals die besten Baumeister, Kalligrafen und Handwerker des Kontinents schufen, kann man heute in einer weitläufigen Anlage besichtigen, die inmitten eines malerischen Urwalds gelegen ist. Copán wird von der UNESCO zum Weltkulturerbe der Menschheit gezählt, was angesichts der unzähligen feinziselierten Stelen, Pyramiden und Palastanlagen nicht verwundert. Zu den Höhepunkten des Geländes zählen eine berühmte 21 Meter hohe Treppe mit mehr als 2000 Hieroglyphenreliefs und ein 28 mal 7 Meter großer »Sportplatz«, auf dem einst durch ein Ballspiel ermittelt wurde, wer das nächste Menschenopfer für die Götter sein würde.

Die Erschließung von Copán ist dem US-Forscher John Lloyd Stephens zu verdanken. Nachdem die Ruinen fast 1000 Jahre unauffindbar gewesen waren, reagierte er am schnellsten, als ihre Entdeckung durch spanische Reisende bekannt wurde. 1840 ließ er erste Teile des Areals freilegen. Er war so begeistert, dass er den Einheimischen das Gelände abkaufte – für 50 Dollar. Inzwischen gehört das Gebiet allerdings dem Staat.

Von dem einstigen Glanz des Königreichs Copán ist im heutigen Honduras nichts mehr zu sehen. Das Land ist extrem arm, 80 Prozent der Einwohner leben unter der absoluten Armutsgrenze, und die Städte gelten als gefährlich. Immerhin profitiert das Land von dem ersten internationalen Schuldenerlass. Und mit den Copán Ruinas besitzt es eine Sehenswürdigkeit, die längst nicht vollständig erforscht ist und touristisch ein großes Potenzial besitzt.

Blick auf einen Teil der Residenz des Königs, die direkt an einem großen Platz liegt, dem einstigen politischen und kulturellen Zentrum der Stadt Copán. Forscher vermuten unter vielen der Ruinen ältere, überbaute Gebäude. An deren Freilegung wird noch gearbeitet.

Ein Polizist
in Israel

Golan Dadon arbeitet als Kriminalbeamter bei der israelischen Polizei. Zu seinen Aufgaben gehört es auch, Selbstmordattentäter und Terroristen ausfindig zu machen. Er ist deshalb oft in den Palästinensergebieten unterwegs. Dadon ist 31 Jahre alt und lebt als Single in Tel Aviv. Er bezeichnet sich als nicht religiös. Nach der Schule leistete er wie jeder Israeli drei Jahre Armeedienst. Danach arbeitete er in einem Hotel und leitete zwei Jahre lang eine Autowaschanlage in New York. Als im September 2000 die zweite Intifada begann, kam er zurück, um sein Land zu verteidigen. Darum ging er auch zur Polizei. Sein größter Wunsch ist es, eine Frau zu finden und eine Familie zu gründen.

Israel

Einwohner: 6,43 Millionen
Währung: 100 Euro = 568 Israelische
  Schekel
BIP pro Kopf: 18 930 Euro
Human Development Index: 23

Aktuelle Durchschnittskosten

1 Hotdog: 2,65 Euro
1 Sesamkringel: 62 Cent
1 Kugel Eis: 1,77 Euro
1 einfaches Wassereis: 18 Cent
1 Falafel im Pitabrot: 2,12 Euro
1 Kilo Wassermelone: 53 Cent
5 abgepackte Pitabrote: 1,06 Euro
1 Dose Limonade: 1,06 Euro
1 Packung Kaugummi: 85 Cent

Monatsverdienst, Monatsgrundkosten, Altersvorsorge:	Dodan verdient zwischen 1272 und 1290 Euro netto im Monat. Die Miete kostet 424 Euro, der Strom 26,50 Euro, 17 Euro gehen für Wasser an die Gemeinde. Für Essen gibt Dadon täglich 5 Euro aus, hinzu kommen 142 Euro im Monat für Restaurantbesuche – er liebt gute Küche. Sein VW Golf verbraucht monatlich für 35 Euro Benzin, mit 71 Euro zahlt er einen Kredit ab. 44 Euro im Monat kostet seine Gesundheitsversicherung.
Wie und wie oft machen Sie Urlaub?	»In der Regel mache ich dreimal im Jahr Urlaub. In China war ich gerade, bald fahre ich nach New York, und ich hoffe, in diesem Jahr auch noch nach Australien zu kommen. Wie viele Israelis reise ich jedoch kaum noch im eigenen Land – das ist, verglichen mit Zypern oder der Türkei, zu teuer geworden.«
Was bedeutet Ihnen Arbeit?	»Ich mache nicht den Job eines normalen Polizisten, weil wir das Land auch vor Selbstmordattentätern und Terroristen schützen. Wir sind jeden Tag woanders, oft im Westjordanland und in ziviler Kleidung, damit man uns nicht erkennt. Ich finde das sehr herausfordernd, denn Fehler dürfen wir uns nicht leisten.«
Wie ist Ihr Verhältnis zu den Palästinensern?	»Auf der einen Seite gebe ich Kleidung, die ich nicht mehr trage, an Palästinenser weiter. Ich habe dort keine Freunde, aber wir kennen uns und reden miteinander. Auf der anderen Seite werde ich, sobald ich mich in Uniform zeige, mit Steinen beworfen. Frauen und Kinder tun das – fast jeden Tag.«

Die Partystadt Tel Aviv: In der schnellsten Metropole des Nahen Ostens wird gefeiert, als gäbe es kein Morgen – trotz Angst vor Anschlägen und Nahostkrise.

Golan Dadon geht gerne gut essen, und man kann davon ausgehen, dass er hinterher auch noch gerne feiert. Denn für seine großartige, pulsierende Partyszene ist Tel Aviv inzwischen weltberühmt. Die Stadt nennt sich »T. A.«, in Anlehnung an das Kürzel von Los Angeles, und vergleicht sich am liebsten mit New York City. Fast jeden Abend nach 22 Uhr fallen die Massen in die angesagten Bars und Clubs ein – trotz Bomben- und Anschlagsgefahr. Sogar von dem Metropolenmagazin *Time Out*, das man aus London und N. Y. C. kennt, gibt es eine Tel-Aviv-Ausgabe – auf Englisch. Das spricht man in T. A. sowieso lieber als Hebräisch. »Jerusalem prays and Tel Aviv plays«, sagen viele der knapp 400 000 Einwohner und grenzen sich damit von der offiziellen Hauptstadt ab. Die liegt zwar nur 50 Autominuten entfernt landeinwärts – doch gerade für die jüngeren Menschen in Tel Aviv ist es eine andere Welt.

Die Basis des nächtlichen Kollektivrauschs ist natürlich nicht nur das Wetter, obwohl jeder Taxifahrer gerne erzählt, dass die Leute alle irre sind, weil es oft so schwül ist. In erster Linie scheint das Nachtleben die Geschwindigkeit zu spiegeln, mit der Tel Aviv sich innerhalb von einhundert Jahren aus dem Nichts zu einem wirtschaftlichen und kulturellen Zentrum entwickelt hat. Die grundsätzliche Weltoffenheit der Siedlungen, die unter anderem europäische Emigranten Ende des 19. Jahrhunderts ein paar Kilometer jenseits der teuren arabischen Viertel der historischen Stadt Jaffa gründeten, sprach sich schnell herum. Mit der Zeit verwirklichten die Planer ein großzügiges Stadtbild voller Alleen und Plätze, gekrönt von einem Stadtstrand. Später zogen politische, wirtschaftliche, kulturelle und intellektuelle Schwergewichte aus aller Welt nach Tel Aviv – wenn auch nicht immer freiwillig.

Noch heute prägen unzählige Häuser im Bauhausstil einige Viertel, weil in den 1930er Jahren Professoren, Architekten und Studenten aus Dessau und Berlin vor den Nazis hierhergeflohen sind. Auch die meisten diplomatischen Vertretungen blieben in Tel Aviv, das bis 1949 die Hauptstadt des Landes war. Und die größte Universität Israels speist das kulturelle Leben der Stadt weiterhin mit frischen Impulsen.

Unter den Party-People gibt es inzwischen allerdings einen neuen Trend. Seit zirka 2005 gilt es bei einigen als besonders schick, nachts nach Jerusalem zu fahren: Da soll es, so heißt es, einige ganz frische Szeneviertel geben.

Wer die Love Parade in Berlin mochte, sollte auch die gleichnamige Straßenparty in Tel Aviv besuchen: Bis zu 250 000 Menschen kommen seit 2001 einmal pro Jahr für ein Wochenende der Umzüge, Open-Air-Partys und Techno-Erotik zusammen.

Ein Lehmbaumeister
im Jemen

Faraj Salem Kwairan ist der jüngste Spross einer Familie, deren Wurzeln bis in die Antike reichen. Viele seiner Vorfahren arbeiteten wie der 40-Jährige als Lehmbaumeister der Zunft, die bis heute die Turmhäuser der Stadt Schibam errichtet. Obwohl der Ort bekannt ist für seine »Wolkenkratzer in der Wüste«, konnte das Handwerk des Lehmbaus nur dank der Unterstützung der Gesellschaft für Technische Zusammenarbeit (GTZ) erhalten werden. Kwairan ist der oberste Baumeister von Schibam. Von seinem Gehalt ernährt er seine Frau und vier Kinder. Und leistet sich ein wenig Luxus: ein Landhaus mit Garten.

Jemen

Einwohner: 22,2 Millionen
Währung: 100 Jemenitische Rial
   = 0,36 Euro
BIP pro Kopf: 701 Euro
Human Development Index: 153

Aktuelle Durchschnittskosten

1 Liter Wasser: 20 Cent
1 Liter Milch: 70 Cent
1 alkoholfreies Beck's: 40 Cent
1 Fladenbrot: 40 Cent
1 Liter Benzin: 25 Cent
1 Kilo Tomaten: 30 Cent
1 Portion Kath: 2 Euro
1 junge Ziege: 65 Euro
1 Krummdolch: 7 Euro
1 Kalaschnikow: 200 Euro

Monatsverdienst, Monatsgrundkosten, Altersvorsorge:	Bei guter Auftragslage verdient Kwairan pro Woche sechs Tagessätze von knapp 8 Euro und kommt auf einen Monatsverdienst von fast 200 Euro. Bei Grundkosten von 100 Euro kann er damit gut leben. In Notfällen helfen ihm seine Brüder, die in Saudi-Arabien in einer Textilfabrik arbeiten. Seine einzige Altersvorsorge sind seine zwei Söhne und zwei Töchter.
Was tun Sie in Ihrer Freizeit?	»Beten und Tee trinken. Ich schaue kein Fernsehen und kaue anders als die meisten meiner Landsleute auch nicht das Aufputschmittel Kath.«
Was möchten Sie in Ihrem Leben verändern?	»Beruflich habe ich alles erreicht, wovon ich geträumt hatte. Privat hätte ich gern mehr Zeit für meinen Garten. Ich möchte Datteln ernten, habe aber keine Zeit, mich um die Bäume zu kümmern.«
Was erwarten Sie von der Zukunft, und was tun Sie dafür?	»Ich möchte ein Buch über die Lehmbaukunst schreiben und damit unser uraltes Wissen sichern. Demnächst treffen wir uns mit den Mitgliedern der Gilde, um Informationen zusammenzutragen.«
Der Tourismus im Jemen leidet darunter, dass immer wieder Reisende entführt werden. Bekommen Sie das auch in Schibam zu spüren?	»Ja, sicher. Dabei sind die Touristen sehr wichtig für unsere Stadt, weil sie sich viel stärker für unsere Turmhäuser interessieren als wir Jemeniten selbst. Sie bringen Geld in die Stadt, das wir brauchen. Außerdem sind diese Entführungen eine Schande für unser Land und den Islam.«

Lehmbau im Jemen: Was auf den ersten Blick bescheiden erscheinen mag, ist tatsächlich gesund, umweltfreundlich und sehr schön anzusehen.

Sollte Faraj Salem Kwairan jemals auf die Idee kommen, doch einmal Zement einzusetzen, hätte er keine Chance. Etwas anderes als Lehm kommt in Schibam, das bis zum 15. Jahrhundert das politische und wirtschaftliche Zentrum der Region Hadramaut war, nicht in oder an die Hauswände. Zumindest nicht im Bereich der sogenannten Alten Stadt. Die liegt mit einer Fläche von 500 mal 400 Metern auf einem Felsplateau, das sich wie eine Insel aus einem Trockenflusstal erhebt, und sieht aus wie ein Manhattan der Wüste – manchmal wird sie auch so genannt.

Anfang der 1980er Jahre hat die UNESCO dieses Ensemble aus Lehmhochhäusern in das Weltkulturerbe aufgenommen. Ungefähr zur gleichen Zeit erlebte das Bauen mit Lehm in Europa eine kleine Renaissance – nicht nur aus nostalgischen Gründen. Der größte Vorteil des Baulehms, einer ausgewogenen Mischung aus Ton, Sand und Stroh so wie manchmal Dung und Kalk, ist seine temperaturregulierende Wirkung: In kalten Jahreszeiten speichern Lehmmauern die Wärme, in warmen bleibt es in den Räumen lange kühl. Außerdem gleicht Lehm die Luftfeuchtigkeit aus und bindet Schadstoffe, er ist hautfreundlich, antibakteriell und recycelbar.

Und schließlich konserviert Lehm Holz, was wiederum für die Arbeit von Herrn Kwairan in Schibam wichtig ist. Denn wer sagt, dass viele der bis zu 30 Meter und neun Stockwerke hohen Häuser gut 500 Jahre alt seien, meint nicht die Fassade, sondern die ausgefeilten inneren Stützkonstruktionen aus Holz. Die Lehmziegel dagegen, mit denen man diese Skelette füllt und verkleidet, müssen wegen ihres natürlichen Verfalls alle zehn bis fünfzehn Jahre erneuert werden. Vor allem die oberen Etagen leiden unter dem einzigen natürlichen Feind des Lehmbaus: dem Regen, der in dieser Gegend auch mal sehr ausgiebig sein kann. Da nützt der beste Kalkanstrich nichts.

Herr Kwairan verzichtet also gerne auf Zement, denn als Lehmbaumeister hat er einen geradezu natürlich sicheren Arbeitsplatz. Zumindest solange die GTZ seine Zunft unterstützt.

Die Provinzhauptstadt Schibam ist nicht die einzige Sehenswürdigkeit im Jemen. Die Hauptstadt Sanaa, die angeblich von Noahs Sohn Sem gegründet wurde, war 2004 arabische Kulturhauptstadt und beeindruckt, wie man hier sieht, ebenfalls mit spektakulärer Architektur.

Eine Lehrerin in Kambodscha

Auf dem Sandboden im Schulhof spielen Kinder in blau-weißen Schuluniformen, im Schatten vor den Baracken sitzen die Lehrer. Unter ihnen Mak Sarpech. Die Frau mit dem kurz geschorenen Haar ist 50 Jahre alt und unterrichtet seit 24 Jahren Mathematik, Khmer, Natur- und Gesellschaftskunde. Ihre Ausbildung an der Hochschule für Lehrer dauerte zwei Jahre. Sie lebt allein in ihrem Haus in Siem Reap, der zweitgrößten Stadt in Kambodscha. Ihr Mann starb im Bürgerkrieg unter dem Regime der Roten Khmer. Sie hat eine Tochter, die verheiratet ist.

Kambodscha

Einwohner: 14 Millionen
Währung: 100 Kambodschanische
  Riel = 0,018 Euro
BIP pro Kopf: 1963 Euro
Human Development Index: 131

Aktuelle Durchschnittskosten

1 Kilo Reis: 32 Cent
1 Kilo Fisch: 2,15 Euro
1 Kilo Huhn: 2,79 Euro
1 Paar Schuhe: 4,29 Euro
Kinokarte: 1,07 Euro
1 Füllung beim Zahnarzt: 11,70 Euro
1 Liter Benzin: 79 Cent

Monatsverdienst, Monatsgrundkosten, Altersvorsorge:	Mak Sarpech arbeitet von 13 bis 17 Uhr und verdient 20 Euro im Monat, braucht aber etwa 70 Euro zum Leben: für Wasser, Lebensmittel, Kleidung und Spenden im buddhistischen Tempel. Da sie das Haus geerbt hat, zahlt sie keine Miete. Sie ist nicht versichert. Um ihr Einkommen aufzustocken, baut sie im Garten Kokosnüsse, Papaya und Bananen an, die sie auf dem Markt verkauft. Ihre Tochter und ihr Schwiegersohn unterstützen sie finanziell.
Was erwarten Sie von der Zukunft?	»Ich will in zehn Jahren in den Ruhestand gehen und dann gar nicht mehr arbeiten. Ich erwarte von meiner Tochter, dass sie sich dann um mich kümmert.«
Was ist das Wichtigste in Ihrem Leben?	»Gesund zu sein. Mit meiner Familie, meinem Enkel und meiner Tochter zusammen zu sein.«
Was bedeutet Ihnen Arbeit?	»Ich kenne nichts anderes: Morgens arbeite ich zu Hause, nachmittags in der Schule. Ich wollte schon als Kind Lehrerin werden. Die Arbeit macht mir Spaß. Ich will den Schülern nicht nur Mathe oder Naturkunde beibringen, sondern auch, dass sie ihre Eltern respektieren und nicht stehlen sollen.«
Wie entwickelt sich Kambodscha nach 30 Jahren Bürgerkrieg?	»Kambodscha entwickelt sich jetzt friedlich. Endlich. Immer mehr Touristen kommen. Ich schaue nicht zurück. Wir haben genug gesehen. Wir schauen in die Zukunft.«

Schulen in Kambodscha: Der lange Schatten des Krieges ist verantwortlich für Lehrermangel und eine Analphabetenrate von fast hundert Prozent in der Provinz.

Schulen sind in der Politik und im Alltag Kambodschas ein Dauerthema. Nach dem Regime der Roten Khmer in den 1970er Jahren und dem anschließenden Bürgerkrieg – von »Frieden« spricht man in Kambodscha erst seit 1998 – geht es aber nicht um die Art des Bildungssystems, sondern überhaupt um den Aufbau von Schulen.

Die Regierung der jungen Demokratie zeichnet sich nicht gerade durch besondere Freigeistigkeit aus: Sie verfolgt im neuen Jahrtausend eine ziemlich restriktive Kulturpolitik, nach der UMTS-Handys ebenso verboten sind wie Partneragenturen und das Blondieren der Haare. Aber sie hat auch das Programm »Bildung für alle bis 2015« aufgelegt, in dem es in erster Linie um Grundschulen geht. Das Programm wird von diversen Hilfsorganisationen unterstützt, in Deutschland unter anderem von »Save The Children« und »Children's Dream e.V.«, die dokumentieren, wie schwierig sich der Aufbau einer Infrastruktur für Bildung gerade auf dem Land gestaltet.

Das größte Problem in dem südostasiatischen Land ist der Mangel an Lehrkräften, von denen viele Opfer der Kriege geworden sind. In einer Stadt wie Siem Reap, wo Mak Sarpech lebt und arbeitet, kommt hinzu, dass die Gebäude oft baufällig sind und viele verwaiste Straßenkinder der Fürsorge bedürfen. In den vom Krieg stark betroffenen Dörfern, die zum Teil tief in den Regenwäldern liegen, gibt es häufig gar keine Schulen, geschweige denn Schulbücher – die Analphabetenrate liegt bei fast hundert Prozent. Hier greifen mittlerweile die ersten Maßnahmen der Hilfsorganisationen: Sie schaffen es entweder, stabile Schulhäuser samt Einrichtung und Lehrmaterial zu errichten, oder bauen provisorische, aber zumindest durch ausgebildete Lehrer geleitete Übergangsschulen auf. Die übernehmen die Ausbildung bis zur dritten Klasse, während man auf das Geld aus dem Programm der Regierung wartet.

Besonderen Wert wird dabei auf die Vermittlung der englischen Sprache gelegt. Kambodscha gilt als boomendes Touristikland mit einem erstaunlichen Wachstum bei den Fünfsternehotels. Deshalb hofft selbst in der tiefsten Provinz der eine oder andere Schüler auf die Chance, mit einem guten Zeugnis in einer der neuen Hotel- und Gastronomiefachschulen in den Städten einen Ausbildungsplatz zu bekommen.

Diese Dorfkinder gehören zu einer neuen Generation, die keinen Krieg erlebt hat und das Land in die Zukunft führen soll. Später werden sie ihren staunenden Enkeln erzählen, wie sie vor dem Bau ihrer Schule einst in einer alten Hütte unterrichtet wurden.

Ein Friseur
in Kenia

Der 28-jährige Mghanga M. Bonaventura
betreibt in Ukunda an der kenianischen
Ostküste einen Friseursalon als Einmann-
unternehmen. Bonaventura, der mit 18 Jahren
im Friseurladen seines Onkels das Haare-
schneiden lernte, hat eine Frau und eine
drei Jahre alte Tochter.

Kenia

Einwohner: 36,9 Millionen
Währung: 100 Kenia-Schilling
  = 1,06 Euro
BIP pro Kopf: 841 Euro
Human Development Index: 148

Aktuelle Durchschnittskosten

1 Busfahrkarte: 56 Cent
1 Fahrrad (gebraucht): 34 Euro
1 Huhn: 3,18 Euro
1 Flasche Soda: 18 Cent
1 Radio: 22,70 Euro
1 Kilo Zucker: 1,14 Euro
1 Kilo Reis: 1,14 Euro
1 T-Shirt: 4,55 Euro
1 Schuluniform: 5,68 Euro
1 günstiger Speisefisch: 80 Cent
Kinokarte: 11 Cent

Monatsverdienst, Monatsgrundkosten, Altersvorsorge:	Im Durchschnitt verdient Bonaventura rund 85 Euro im Monat. Dafür muss er sieben Tage pro Woche von 6 bis 20 Uhr im Salon stehen. Um seinem Kind eine gute Ausbildung zu ermöglichen, schickt er es auf eine private Vorschule, die 34 Euro im Monat kostet. Von dem, was übrig bleibt, bezahlt er Miete und Lebensmittel. Zurzeit kann er nichts für die Altersvorsorge zurücklegen.
Was ist das Wichtigste in Ihrem Leben?	»Am wichtigsten sind die Gesundheit und die Arbeit. Ich darf nicht krank werden, sonst könnte ich meine Familie nicht ernähren.«
Was tun Sie in Ihrer Freizeit?	»Die wenige Freizeit, die ich habe, verbringe ich mit meiner kleinen Familie. Ab und zu ist noch ein Bier mit einem Bekannten drin. Wenn ein Tag wirklich gut gelaufen ist, dann lade ich meine Familie in ein Restaurant ein. Es ist wichtig, dass meine Frau und meine Tochter auch mal rauskommen. Außerdem unterstütze ich hin und wieder die Familien meiner Cousins mit einem kleinen Betrag, da sie sehr arm sind und keine Arbeit haben.«
Was erwarten Sie von der Zukunft?	»Ich hoffe, dass ich bald etwas expandieren kann. Im Moment mache ich mir Gedanken, was ich neben Haareschneiden noch anbieten könnte.«
Die kenianische Küstenregion lebt vor allem vom Tourismus. Welchen Einfluss haben Ausländer auf die lokale Wirtschaft?	»Wenn sich mal ein Tourist in meinen Laden verirrt, dann ist das ein sehr guter Tag. Ein Kenianer zahlt bei mir etwa 22 Cent für einen Kurzhaarschnitt. Ausländer geben Trinkgeld, und ich kann einen höheren Preis ansetzen. Davon profitieren auch andere Berufszweige wie Automechaniker oder Elektriker. Ohne die Touristen wäre unser Leben noch schwieriger.«

Tourismus in Kenia: Das Land ist ein Paradies, aber wie in jedem Paradies gibt es auch hier Schlangen – zum Beispiel Sextouristen.

Ein 480 Kilometer langer Küstenstreifen am Indischen Ozean, der vor allem im südlichen Teil mit weitgehend konstanten 21 Grad Wassertemperatur und weißsandigen Stränden lockt, die durch die vorgelagerten Korallenriffe vor größeren Wellen und Haien geschützt sind – das ist das Idyll, das Touristen aus aller Welt in die Coast Province Kenias lockt. Hinzu kommen der eine oder andere Nationalpark sowie mit Mombasa ein urbanes Zentrum. Und selbst die afroislamische Kultur der Küstenregion kann für Gäste reizvoll sein: Die Mehrheit der Einheimischen betet zu Allah, ohne einem religiösen Fundamentalismus zu verfallen.

Ukunda, die Heimat von Mghanga M. Bonaventura, liegt 30 Kilometer südlich von Mombasa. Der Ortskern bezaubert mit einem hübschen Ensemble aus kleinen Stein- und Palmenblatthäusern um eine Moschee. Ukandas Inlandsflughafen existiert vor allem für die Touristen: Der nahegelegene Strand Diani Beach gilt als perfekter Teil der Küste: Die Hotels und Villenanlagen sind rücksichtsvoll in die Landschaft gebaut, im Hinterland wartet der Nationalpark Shimba Hills auf Tagesausflügler, die Elefanten oder Leoparden beobachten wollen. Werbetexte über das Gebiet werden gerne von einem Zitat Ernest Hemingways gekrönt, der hier von den »grünen Hügeln Afrikas« schwärmte. Über terroristische Attentate wie den Bombenanschlag auf das Hotel Paradise im November 2002 in Mombasa wird dagegen lieber geschwiegen.

Kritiker sagen: Das ist alles zu schön, um wahr zu sein – und sie haben nicht ganz unrecht. Denn die Touristen bringen nicht nur Geld, sondern auch Probleme. Zu den kleineren Sorgen gehört da noch, dass die Fischer angesichts der vielen Hotelanlagen oft nicht mehr wissen, wo sie mit ihrem Fang anlanden sollen. Problematischer ist, dass man die Aussage von Herrn Bonaventura, er könne in seinem Friseursalon von einem Touristen mehr Geld nehmen als von Einheimischen, auch von Minderjährigen zu hören bekommt, die sich auf der Straße verkaufen.

Sextourismus und Prostitution sind die traurigen Schattenseiten des Booms an Kenias sonniger Küste. So wie die Geißel, die einem solchen Elend stets folgt: Aids. Trotz diverser Hilfs- und Aufklärungsprojekte machen bei dem perversen Treiben noch immer viele Einheimische mit. So kann es passieren, dass ein Kind, das zu einem Freier aufs Hotelzimmer will, erst noch den Türsteher befriedigen muss. Kinderschänder gibt es eben leider überall.

Kenia ist bekannt für seine fröhliche, tanzbare Popmusik, die vor allem durch exzellente Gitarristen beeindruckt. Doch viele Touristen wollen trommelnde Eingeborene sehen, und so verdienen einige Musiker ihr Geld damit, in traditionelle Gewänder gekleidet, traditionelle Musik zu spielen.

Ein Moscheegehilfe im Libanon

Mawwas Yahya Mawwas, genannt Musa, stammt aus Syrien, wo er seit seiner Jugend als Erntehelfer arbeitete. Da es in Syrien immer weniger Arbeit gab, zog er vor fünf Jahren in den Libanon nach Beirut. Seither sorgt der 42-Jährige in einer Moschee für Ordnung und Sauberkeit. Er reinigt den Schrank, in dem der Koran liegt, legt Gebetsteppiche aus und bereitet zum Fastenbrechen während des Ramadans Speisen für Bedürftige zu.

Libanon

Einwohner: 3,9 Millionen
Währung: 100 Libanesische Pfund
* = 0,049 Euro*
BIP pro Kopf: 4137 Euro
Human Development Index: 88

Aktuelle Durchschnittskosten

1 Kilo Rindfleisch: 5,50 Euro
1 Liter Normalbenzin: 72 Cent
Fahrt mit dem Sammeltaxi durch
* Beirut: 55 Cent*
1 Koran (gebunden, durchschnittliches
* Format): 8,60 Euro*
1 Falafel: 1,40 Euro
1 Kugel Speiseeis (in der Eisdiele direkt
* neben Musas Moschee): 55 Cent*
1 Paar Halbschuhe: 8,60 Euro

Monatlicher Verdienst und Grundkosten:	»Ich bekomme rund 250 Euro, von denen ich jeweils gut 80 Euro an meine beiden Ehefrauen nach Syrien schicke. Den Rest gebe ich aus. Miete muss ich nicht zahlen, weil mir die Moschee ein Zimmer stellt. Auch für Altersvorsorge spare ich nicht: Eine islamische Stiftung zahlt mir Rente, wenn ich alt bin.«
Wie oft machen Sie Urlaub?	»Alle drei Monate fahre ich nach Syrien. Dort verbringe ich zwei Wochen mit meinen beiden Frauen, die je vier Kinder von mir haben.«
Was tun Sie in Ihrer Freizeit?	»Ich lese im Koran, um mich zu bilden.«
Was möchten Sie in Ihrem Leben verändern?	»Ich möchte einen höheren Schulabschluss. Gerade hole ich das Abitur nach. Danach kann ich muslimische Abschlüsse und Zeugnisse erwerben und eine bessere Stellung in der Moschee bekommen.«
Was sind Ihre größten Probleme, und wie gehen Sie damit um?	»Ich habe keine großen Probleme. Manchmal habe ich Geldsorgen, dann versuche ich, geduldig zu sein.«
Was bedeutet Ihnen Arbeit?	»Arbeit ist mir sehr wichtig. Nach dem Koran ist Arbeit eine Pflicht für alle gläubigen Muslime. Man soll nicht betteln, sondern stolz und mit geradem Rücken durchs Leben gehen. Und das geht nun mal nicht ohne Arbeit.«
Der Libanon ist ein Vielvölkerstaat mit 18 Religionsgemeinschaften. Wie funktioniert das Zusammenleben?	»Alle Religionen sind im Kern pazifistisch. Wenn jemand Streit anfängt und das auf die Religion schiebt, lügt er. Außerdem wollen sich die Libanesen nach dem langen Bürgerkrieg nicht mehr gegenseitig Gewalt antun.«

Alltagsleben in der Moschee: Im Islam wird das Gotteshaus nicht nur zum Beten besucht, sondern auch zum Lernen und Diskutieren.

Der Wert der Arbeit, die Musa in der Moschee in Beirut verrichtet, ist nicht zu unterschätzen, denn Ordnung und Sauberkeit sind in *mesdschids* oberstes Gebot. *Mesdschid* ist arabisch für »Ort, wo man sich niederwirft« – das deutsche Wort »Moschee« ist daraus hervorgegangen.

Das Gebot der Pflege gilt für alle Moscheen, sosehr sie sich in Geschichte, Kultur oder Bauweise unterscheiden mögen. Ihr ursprüngliches Vorbild ist nicht etwa die Kaaba in Mekka, das älteste sakrale Bauwerk des Islam, oder der berühmte Felsendom auf dem Tempelberg in Jerusalem – die erste Moschee im architekturhistorischen Sinne ist das Haus des Propheten Mohammed in Medina, der nach Mekka zweitwichtigsten heiligen Stadt des Islam. Es war nicht untypisch angelegt für traditionelle arabische Wohnbauten, die geprägt sind von einem großen Hof oder Garten mit einem Weiher oder Brunnen, der von Wohn- und Arbeitsräumen eingerahmt wird, sowie einem zentralen Raum oder Saal zum Beten und für das soziale Leben. Ähnlich sind Moscheen bis heute strukturiert, egal, ob sie karg und schlicht gehalten oder weitläufig und ornamental geschmückt sind.

Da der Imam als geistiger Nachfolger des Propheten angesehen wird, nimmt er in der Moschee als eine Art Vaterfigur den höchsten Rang ein. Er muss die Liturgie kennen und sie auf Arabisch zelebrieren können. Er ist ebenso für die mythischen Seiten des Islam zuständig wie für die moralischen und rechtlichen Aspekte des Korans. In der Regel vollführt niemand außer ihm das wichtige Freitagsgebet inklusive der darin eingebundenen Koranbelehrungen. Er bestimmt auch die Angestellten der Moschee, von seinen engen Vertrauten bis zum Muezzin, der die Gläubigen zum Gebet ruft.

Zudem hat der jeweilige Imam großen Einfluss darauf, wie sehr sich seine Moschee als sozialer Ort in das Gemeindeleben integriert. Sehr oft ist sie die zentrale Einrichtung des Ortes: Armenspeisungen finden dort ebenso statt wie politische Diskussionsabende, nicht selten gehen Kinder in der Moschee zur Schule, und in einigen Ländern ist sogar das Hospital des Ortes an sie angeschlossen. Da ist es erst recht gut, wenn Pflege und Sauberkeit im gesamten Komplex selbstverständlich sind.

Freitagsgebet in einer Moschee in Beirut. Am Freitag beten Muslime gemeinsam in der Hauptmoschee ihres Viertels oder ihrer Stadt. Die begleitende Predigt (chutba) *basiert auf dem Koran und den Worten des Propheten, behandelt aber auch aktuelle Themen.*

Eine Prostituierte in Malawi

Brandinah Khulamba, 18, geht seit zwei Jahren in der Hauptstadt Lilongwe auf den Strich. Vor vier Jahren starben ihre Eltern bei einem Autounfall, danach kam sie mit zwei Schwestern und zwei Brüdern bei einem Onkel unter. Der konnte die umgerechnet 80 Euro Schulgeld pro Halbjahr nicht mehr aufbringen und stellte sie mit 16 Jahren vor die Wahl: heiraten oder arbeiten gehen. Seitdem schafft sie in einem Nachtclub in einem armen Vorstadtviertel an. Sie tanzt unter freiem Himmel mit Männern, lässt sich Getränke ausgeben und hofft auf einen zahlenden Kunden für die Nacht.

Malawi

Einwohner: 13,6 Millionen
Währung: 100 Euro = 20 181 Malawi-
  Kwacha
BIP pro Kopf: 424 Euro
Human Development Index: 164

Aktuelle Durchschnittskosten

1 Brot: 35 Cent
5 Tomaten: 27 Cent
1 malawisches Bier: 40 Cent
1 Liter Mineralwasser: 55 Cent
1 Liter Milch: 70 Cent
1 Liter Diesel: 82 Cent
1 Tageszeitung: 33 Cent
1 Musikkassette: 82 Cent
1 Schachtel Zigaretten: 55 Cent
1 Kondom: 11 Cent
1 Frauenkondom: 41 Cent

Monatsverdienst, Monats-grundkosten, Altersvorsorge: Für Sex mit einem Freier bekommt Brandinah Khulamba zwischen 1 und 3 Euro. Wenn es gut läuft und die Freier wie vereinbart zahlen, kommen so an einem Abend bis zu 5 Euro zusammen. Davon gehen die Kosten für das Stundenhotel und ihr eigenes Zimmer ab, mehr als 3 Euro am Tag. Sie muss oft neue Kleider kaufen, weil das wichtig fürs Geschäft ist. Ihrer zwölfjährigen Schwester, für die sie mitsorgt, gibt sie im Monat 5 Euro. Für ihre Zukunft kann Brandinah Khulamba nicht vorsorgen.

Was tun Sie in Ihrer Freizeit? »Es gibt ein neues Jugendzentrum im Viertel, wo man Leute treffen, Spiele ausleihen und ein bisschen Spaß haben kann. Ab und zu schaue ich mir dort auch einen Film an oder lese ein Buch. Am liebsten lese ich Liebesromane. Und montags oder dienstags, wenn in der Bar nichts los ist, besuche ich meine Geschwister.«

Was möchten Sie in Ihrem Leben verändern? »Ich habe viele Verwandte, die sehr arm sind und denen ich gerne helfen würde. Als ich noch zu Hause war, hatten sie große Hoffnungen in mich gesetzt, aber leider habe ich die Schule nie zu Ende gebracht. Ich wünschte, ich hätte einen Abschluss, um was aus mir zu machen. Dann könnte ich diese furchtbare Arbeit aufgeben. Meine Geschwister dürfen auf keinen Fall wissen, was ich tue.«

Mindestens eine Million Malawier sind HIV-positiv. Wie schützen Sie sich? »Ich mache keinen Sex ohne Kondom. Es ist schwierig, die Freier davon zu überzeugen, aber langsam spricht sich herum, wie gefährlich das ist. Im Notfall benutze ich ein Kondom für Frauen. Die sind zwar teuer, aber die Freier merken nichts und zahlen mir sogar mehr.«

Kondome für Frauen: Seit 1990 sorgt das Femidom dafür, dass sich Frauen auch ohne die Zustimmung des Mannes vor einer Ansteckung mit dem HI-Virus schützen können.

Schon von dem promisken italienischen Abenteurer Casanova ist überliefert, dass er sich im 18. Jahrhundert mit Kondomen aus Tierdarm vor Geschlechtskrankheiten schützte. Das gelang ihm aber nur bedingt. Erst im nächsten Jahrhundert schaffte es Charles Goodyear, durch die Vulkanisierung von Kautschuk Gummi herzustellen, die Basis für das erste Präservativ ohne Nähte, das der Fabrikant Julius Fromm 1912 präsentierte. Bis 1930 wurde das Material zu dem besonders elastischen Latex weiterentwickelt. Seitdem ist das Kondom die einzige Methode zur Verhütung von Schwangerschaften, die auch die Gefahr von Krankheitsübertragungen senkt. Und die einzige, um die sich nicht die Frau, sondern der Mann zu kümmern hat.

Es sei denn, man arbeitet als Prostituierte – oder muss als Prostituierte arbeiten wie Brandinah Khulamba. Für sie ist es lebensnotwendig, sich selbst um Präservative zu kümmern, weil auch in Malawi die Aids-Aufklärung nur mühsam vorankommt. Denn zum einen halten viele Freier den dünnen Latexschutz für gefühlsmindernd, und zum anderen hören die 73 Prozent Christen in der malawischen Bevölkerung seit je von den Päpsten, dass die Benutzung von Kondomen eine Sünde sei.

Deshalb ist das Kondom für die Frau, das Femidom, ein Segen für Prostituierte. Vor allem in den Ländern Afrikas ist es mittlerweile weit verbreitet. Das Femidom, das es seit 1990 gibt, ist ein Schlauch aus reißfestem Kunststoff mit zwei Ringen: Einer wird wie ein Pessar bis vor den Muttermund eingeführt, der zweite bleibt außen. Das Femidom kann bis zu zehn Stunden vor dem Verkehr eingesetzt und somit gut vor einem Freier verborgen werden.

Die Diskussion, ob ein Femidom auch bei Vergewaltigungen einen gewissen Schutz bietet, hat nicht lange auf sich warten lassen. 2005 stellte Sonette Ehlers aus Südafrika, dem Land mit der höchsten Vergewaltigungsrate der Welt, »Rapex« vor. Das Besondere an der Femidom-Variante aus festerem Material sind die kleinen Widerhaken an den Innenwänden, die sich in die Haut des Gliedes bohren, sobald es bewegt wird. Davon stirbt keiner, aber es bereitet starke Schmerzen und kann nur von Ärzten entfernt werden. Zwar weiß auch Sonette Ehlers, dass Rapex eine Vergewaltigung nicht verhindert. Aber es würde wohl einige Täter abschrecken, wenn sie mit dieser Gefahr rechnen müssten. Leider ist es noch nicht so weit: Es heißt, Sonette Ehlers habe das Geld für die Produktion bislang nicht zusammenbekommen.

Etwa 26 Millionen Menschen sind in Afrika südlich der Sahara mit Aids infiziert, viele wissen nicht, wie sie sich davor schützen sollen. Deshalb ist es nicht albern, wenn ein Riesenkondom Präservative an Jugendliche verteilt, sondern eine lebensrettende Maßnahme.

Ein Wäschereibetreiber in Malaysia

Der chinesischstämmige Malaysier See Weng Chong betreibt seit Juni 2003 eine Wäscherei und eine Kneipe im boomenden Stadtteil Sri Hartamas in Kuala Lumpur. See Weng Chong ist 30, Single und lebt bei seinen Eltern. Er hat Informatik und Wirtschaft studiert und zwei Jahre als Angestellter gearbeitet. Während dieser Zeit hat er Geld für seine Unternehmensgründung gespart.

Malaysia

Einwohner: 24,8 Millionen
Währung: 100 Malaysische Ringgit
 = 21,01 Euro
BIP pro Kopf: 8975 Euro
Human Development Index: 63

Aktuelle Durchschnittskosten

1 Schale Reis: 20 Cent
1 Liter Sojamilch: 40 Cent
1 Kilo Wäsche (bei See Weng Chong):
 50 Cent
1 Glas Bier (bei See Weng Chong):
 1,40 Euro
1 Hochbahnticket in Kuala Lumpur:
 32 Cent
Taxifahrt von 30 Minuten: 4 Euro
1 Essen im billigen Restaurant:
 1 Euro
1 Paar Damen-Sommerschuhe:
 4 Euro

Monatliche Einnahmen und Altersvorsorge:	Die Wäscherei wirft monatlich rund 1000 Euro Gewinn ab, die Kneipe um die 500 Euro. See Weng Chong investiert viel in den Ausbau beider Geschäfte, im vergangenen Jahr rund 6000 Euro. Für eine kombinierte Kranken- und Rentenversicherung zahlt er jährlich 500 Euro.
Machen Sie Urlaub?	»Seit ich meine Geschäfte habe, habe ich keinen Urlaub gemacht. Ich arbeite zwölf Stunden täglich, sieben Tage die Woche. Im Urlaub müsste ich meine Läden den Angestellten überlassen – das schaffen die noch nicht allein. Und wenn ein Laden plötzlich geschlossen ist, geht man hier davon aus, dass er pleite ist – selbst wenn dransteht, dass man nur Urlaub macht.«
Was möchten Sie in Ihrem Leben verändern?	»Ich will möglichst bald allein wohnen. Allerdings ist das schwierig, denn es ist unter Chinesen unüblich, bei den Eltern auszuziehen, ohne eine eigene Familie zu haben.«
Was bedeutet Ihnen Arbeit?	»Arbeit muss Spaß machen. Mir gefällt, dass ich in beiden Geschäften ganz unterschiedliche Aufgaben habe. Ich mache an keinem Tag das Gleiche wie am Vortag.«
Was sind Ihre größten Probleme, und wie gehen Sie damit um?	»Es ist in Malaysia schwer, gute Angestellte zu finden, es gibt so gut wie keine Serviceorientierung. Andererseits haben auch meine Mitarbeiter Probleme: Sie können nicht in der Nähe wohnen, weil das zu teuer wäre. Ein Auto kann sich niemand leisten, also hole ich sie jeden Morgen von zu Hause ab. Im Moment bin ich auf der Suche nach einer günstigen Wohnung hier, da können meine Mitarbeiter dann wohnen.«

Chinesen in Malaysia: Sie sind gut organisiert, wirtschaftlich erfolgreich – und werden von den einheimischen Malaien enorm beneidet.

35 Millionen. So viele Chinesen sollen in den ersten Jahren nach dem Millennium ihren Wohnsitz außerhalb Chinas gehabt haben. Diese Auslandschinesen genießen daheim, auf dem Festland, ein hohes Ansehen: Ihr Anteil an den Investitionen in China liegt bei stolzen 80 Prozent. Die Verbundenheit mit ihrer Herkunft zeigt sich auch daran, dass die meisten nach wie vor in Südostasien leben: in Indonesien, Thailand und an dritter Stelle in Malaysia.

In die malaysischen Gebiete kamen die Auswanderer schon früh: erst als unabhängige Händler und später, im 19. Jahrhundert, vor allem als Arbeitskräfte für die britischen Besatzer. Aktuell machen die Chinesen als zweitgrößte Gruppe ein knappes Drittel der Bevölkerung aus. Es heißt zwar immer wieder – zuletzt in vielen Zeitungsartikeln anlässlich des 50. Geburtstags der parlamentarischen Monarchie am 31. August 2007 –, dass in dem wirtschaftlich aufstrebenden Land unter einem gemäßigten Staatsislam unterschiedliche Ethnien und Religionen einigermaßen friedlich zusammenleben. Fachleute beobachten allerdings eine tief verwurzelte soziale Spaltung der Gesellschaft.

Schon vor der Unabhängigkeit Malaysias 1957 hatten es die Briten darauf angelegt, dass die verschiedenen Bevölkerungsgruppen weitgehend unter sich bleiben und sich um ihre jeweiligen Aufgabengebiete kümmern. Das führte jedoch dazu, dass in Malaysia die durchorganisierten Chinesen und auch die indischstämmige Bevölkerung wirtschaftlich und kulturell besser vorankamen als die traditionell landwirtschaftlich und feudalistisch orientierten Malaien. Bei den Parlamentswahlen 1969 führte eine drohende Zweidrittelmehrheit der nichtmalaiischen Oppositionsparteien zu blutigen Krawallen in der Hauptstadt Kuala Lumpur. Daraufhin beschloss das Parlament eine »Neue ökonomische Politik« (»Bumiputra-Politik«), die die malaiische Bevölkerung vor allem mit Quotenregelungen in den Bereichen Bildung, Verwaltung und Wirtschaft massiv bevorzugte. Diese Politik war im Grunde nichts anderes als eine Notstandsverordnung, aber sie fruchtete, und so ist sie in modifizierter Form bis heute gültig. Sie führte jedoch auch neben dem Anwachsen der Korruption zur Abschottung vieler chinesischer und indischer Firmen gegen malaiischen Einfluss und zur Abwanderung der besten Fachkräfte des Landes.

Den Wäschereibetreiber See Weng Chong mögen diese Probleme nicht unmittelbar betreffen. Die verkorkste Stimmung zwischen den Ethnien wird aber auch er sicherlich spüren.

Chinatown in Kuala Lumpur. Weltweit gibt es viele chinesische Viertel, deren Eingang oft durch ein rotes Tor (paifang) gekennzeichnet ist. Deutschlands einzige chinesische Straße in Hamburg-St. Pauli wurde von den Nazis geräumt. Heute sieht man dort Transvestiten.

Ein Kamelführer
in Marokko

Yedder ist 52 Jahre alt und niemals zur Schule gegangen. Als Kleinkind hat er einmal ein Kamel gesehen und den Entschluss gefasst, Kamelhalter zu werden. Gegen den Willen seiner Eltern, die wollten, dass er wie sie Bauer wird, ging er mit 13 bei einem Kameltreiber in der Sahara in die Lehre. Heute kommen arabische und ausländische Touristen zum Kamelreiten zu ihm. Yedder ist verheiratet, hat vier Kinder und sechs Kamele.

Marokko

Einwohner: 33,8 Millionen
Währung: 100 Marokkanische Dirham
*   = 8,90 Euro*
BIP pro Kopf: 3225 Euro
Human Development Index: 126

Aktuelle Durchschnittskosten

1 Liter Normalbenzin: 97 Cent
1 Busfahrt: 32 Cent
1 Liter Milch: 56 Cent
1 Kilo Kamelfleisch: 9,30 Euro
1 Wasserpfeife im Café: 3 Euro
1 Minztee im Café: 75 Cent
1 Kilo Reis: 90 Cent
1 arabisches Fladenbrot: 9 Cent
1 Paar durchschnittliche Sandalen,
*   wie Yedder sie trägt: 23 Euro*
1 Ritt auf einem von Yedders
*   Kamelen: 4,60 Euro*
+1 Fotoshooting mit Yedders
*   Kamelen: 1,80 Euro*

Was ist das Wichtigste in Ihrem Leben?	»Tiere sind das Wichtigste für mich. Meine sechs Kamele schlafen im Haus, keine zehn Meter von meinem Bett entfernt. Ich kann hören, wie sie sich bewegen, wenn sie träumen. Tiere sind wie Menschen, einige sind störrisch und trübe, andere klar und folgsam, wie meine beiden Lieblingskamele Baka und Hada. Ich liebe auch Pferde, Schafe und Ziegen, eigentlich die meisten Tiere, und bin glücklich, wenn ich in ihrer Nähe sein kann. Nur Hunde mag ich nicht. Sie fressen Dinge von der Straße und sind unrein.«
Was möchten Sie in Ihrem Leben verändern?	»Ich bin glücklich, wie es ist. Manchmal denke ich, ich hätte gern mehr Geld, aber dann ist es mir doch nicht so wichtig. Ich würde gern öfter in die Moschee gehen.«
Was bedeutet Ihnen Arbeit?	»Ich arbeite jeden Tag in der Woche, stehe um sieben Uhr morgens auf, füttere die Kamele und bleibe danach mit ihnen draußen, bis es dunkel wird. Arbeiten unterscheidet sich für mich nicht von leben.«
Was würden Sie tun, wenn Sie sich ein Jahr lang nicht um Ihren Unterhalt kümmern müssten?	»Ich würde als Kamelhändler arbeiten, neue Tiere ankaufen, sie näher kennenlernen, sie verkaufen oder gegen andere tauschen und so eine große, gute Herde aufbauen. Dazu würde ich aus Marrakesch wegziehen, zurück in mein Heimattal Ourika, wo meine Eltern leben.«

Das Kamel und seine Familie: von Altweltkamelen, Neuweltkamelen und Trampeltieren, die viel nützlicher sind, als es ihr Name vermuten lässt

Kinder wissen natürlich, ob das Kamel oder das Dromedar besser ist: das Dromedar – weil es einen viel schöneren Namen hat. Doch dann lernen sie: Mit einem Höcker ist es ein Dromedar, mit zwei ein Kamel. Und da ist klar: Das Kamel ist besser, weil man zwischen zwei Höckern besser reiten kann. Das kann vermutlich auch der Kamelfreund Yedder bestätigen.

Doch so simpel, wie wir einst die Tiere zu unterscheiden lernten, ist es nicht. Das Kamel gehört zur Klasse der Säugetiere, Ordnung: Paarhufer, Unterordnung: Schwielensohler. Das letzte, beeindruckend klangmalerische Wort passt zu den dicken, weichen, elastischen Polstern aus Bindegewebe, auf denen Kamele gehen – trotz ihres Ordnungsnamens haben Kamele keine Hufe, sondern zwei Zehen pro Fuß. Neben den Dromedaren gehören auch Paarhufer wie Lamas oder Alpakas zur zoologischen Familie der Kamele. Sie zählt man allerdings zur Art der Neuweltkamele, einer Bezeichnung für kleinere Tiere ohne Höcker, während das Dromedar und das baktrische Kamel zu den Altweltkamelen gehören.

Unser klassisches Bild entspricht dem baktrischen Kamel, das ganz offiziell auch Trampeltier heißt. Wildlebende Trampeltiere, die meist in Haremsgruppen von etwa 15 Exemplaren umherziehen, gibt es heute kaum noch. 2003 wurden gerade 950 Stück gezählt – und die werden noch gejagt. Domestiziert wurden die Tiere aus Zentralasien bereits im dritten vorchristlichen Jahrtausend. Die Gesamtpopulation der heute als Last- und Nutztiere eingesetzten »Wüstenschiffe« wird auf 2,5 Millionen geschätzt.

Nach wie vor besteht der größte Nutzen von Kamelen darin, dass sie an ein sehr trockenes, heißes Klima angepasst sind. Die Pflanzenfresser können ihre Körpertemperatur besonders gut regeln, die Nüstern verschließen, in den Höckern Fett speichern und in ihrem Mehrkammermagen die Nahrung wie Wiederkäuer verdauen. Außerdem haben sie nicht runde, sondern ovale rote Blutkörperchen. Die bewirken, dass Kamele in kurzer Zeit sehr viel Wasser saufen können, ohne zu hyperhydrieren. Die Hyperhydration, auch Wasservergiftung genannt, bezeichnet ein Ungleichgewicht zwischen Salzen und Flüssigkeit im Körper und ist nicht nur für ältere Menschen gefährlich. Die Kunden von Yedder sollten deshalb im Gegensatz zu den Tieren, auf denen sie reiten, in der Hitze ab und zu ein elektrolythaltiges Getränk zu sich nehmen, das die nötigen Salze liefert.

Die Sahara, die größte Trockenwüste der Erde, ist etwa so groß wie die USA. Die wenigen dort lebenden Araber, Berber und Mauren profitierten bis ins 19. Jahrhundert vom Transsaharahandel, der mit der Verbreitung des Kamels ab dem 1. Jahrhundert erblühte.

Eine öffentliche Schreiberin in Mexiko

Vanessa Avalos lebt seit ihrer Geburt in Mexiko-Stadt. Die 42-Jährige hat eine Ausbildung als Sekretärin absolviert, aber bald danach geheiratet, Kinder bekommen und den Haushalt geführt. Seit ihr Mann vor 13 Jahren an Krebs starb, muss sie selbst für ihren Unterhalt sorgen und darüber hinaus ihren Sohn (21) und ihre Tochter (18) unterstützen, die beide noch in der Ausbildung sind. Sie arbeitet 35 Stunden pro Woche als öffentliche Schreiberin am Plaza Santo Domingo, wo sie mit ihrer elektrischen Schreibmaschine an einem Holztisch sitzt. Mit ihrer Tochter lebt sie in einer Dreizimmerwohnung in der Nähe.

Mexiko

Einwohner: 108,7 Millionen
Währung: 100 Mexikanische Pesos
  = 6,54 Euro
BIP pro Kopf: 7587 Euro
Human Development Index: 52

Aktuelle Durchschnittskosten

Taxifahrt: 2 Euro
1 Liter Normalbenzin: 44 Cent
Mittagsmenü im Restaurant:
  2,80 Euro
Kaffee im Restaurant: 1,20 Euro
Big-Mac-Menü bei McDonald's:
  3,90 Euro
1 Liter Milch: 65 Cent
1 Laib Brot: 1,10 Euro
1 Kilo Äpfel: 80 Cent
1 Zigarette: 19 Cent

Monatsverdienst, Monatsgrundkosten, Altersvorsorge:	In guten Monaten verdient Vanessa Avalos bis zu 250 Euro. Ihre Wohnung kostet 100 Euro, für Lebensmittel und Haushalt gibt sie etwa 70 Euro aus. Material, die Wartung der Schreibmaschine und die Gebühr für den begehrten Standplatz kosten monatlich 45 Euro. Zudem zahlt sie einen Teil des Schulgeldes für ihre Kinder und versorgt ihren Pudel. In manchen Monaten kann sie kleine Beträge sparen, ihre einzige Altersvorsorge sind aber ihre Kinder.
Wie und wie oft machen Sie Urlaub?	»Ich habe nur einmal Urlaub gemacht. Ich bin mit dem Bus in die Provinz Puebla gefahren, als meine beste Freundin dort geheiratet hat. Das war das einzige Mal, dass ich aus Mexiko-Stadt rausgekommen bin.«
Was sind Ihre größten Probleme, und wie gehen Sie damit um?	»Die zunehmende Verbreitung von Computern ist schlecht fürs Geschäft. Aber Visitenkarten werden mit einer Schreibmaschine viel schöner. Deshalb werden wir nie ganz verdrängt werden.«
Warum gibt es in Mexiko öffentliche Schreiber?	»Die *escríbanos* oder *evangelistas*, wie sie im Volksmund heißen, haben in Mexiko Tradition. Ich habe schon als Kind zwischen den Schreibern und Druckmaschinen auf diesem Platz gespielt. Damals gab es noch viel mehr von uns. Vor allem Analphabeten ließen hier ihren Schriftverkehr erledigen. Manchmal ließen sie auch Liebesbriefe verfassen. Heute können die meisten Leute zwar schreiben, aber unsere Dienste sind immer noch gefragt.«

Indigene Sprachenvielfalt in Mexiko: Nach Jahrhunderten der Diskriminierung werden in dem Vielvölkerstaat heute 62 Nationalsprachen offiziell anerkannt.

Naturvolk? Ureinwohner? Eingeborene? In der zweiten Hälfte des 20. Jahrhunderts hatte man sich international darauf geeinigt, dass solche Begriffe die Diskriminierung von Minderheiten begünstigen. So führte der UN-Sonderberichterstatter José Martínez Cobo 1986 in einer Studie den Begriff *indigenous people* ein: indigene Völker. Heute ist die Wortschöpfung allgemein gebräuchlich, wenn es um Bewohner einer Region geht, die von anderen Völkern unterworfen und kolonialisiert wurden.

Auf dem Gebiet des heutigen Mexiko wurden vor der Eroberung durch die Spanier ab dem 16. Jahrhundert weit mehr als hundert verschiedene indigene Sprachen gesprochen. Einige weit verbreitete wie Nahuatl oder Mayathan hatten als Handels- und Verkehrssprachen sogar eine überregionale Bedeutung. Für den Verlust dieser Vielfalt war aber nicht nur die Kolonialisierung verantwortlich, sondern auch die ersten hundert Jahre der Unabhängigkeit ab 1821. Die herrschenden Kreolen akzeptierten ausschließlich Spanisch als Amtssprache und missachteten damit die Sprachen von damals 60 Prozent der Bevölkerung.

Nach dem Ende der Mexikanischen Revolution 1930 wurde ein Recht auf Schulbildung eingeführt, aber auch dies galt nur für spanischsprachige Schulen. Zudem beschleunigte die Landflucht der indigenen Bevölkerung den Niedergang der Sprachkulturen. Der Diplomat und Schriftsteller Octavio Paz fasste die allgemeine Haltung in seinem Land so zusammen: »Mexiko verherrlicht seine

indianische Vergangenheit, aber es verachtet seine lebenden Indios.«

Erst als in den 1990er Jahren auf internationaler Ebene die sogenannte interkulturelle zweisprachige Erziehung ernsthaft thematisiert wurde, kam Bewegung in die mexikanische Politik. Endlich wurde Mexiko in der Verfassung als »multikulturelle Nation« definiert, und 2003 trat schließlich das »Allgemeine Gesetz über die sprachlichen Rechte der indigenen Völker« in Kraft, mit dem die 62 noch lebendigen indigenen Sprachen als »Nationalsprachen« anerkannt wurden. Sie werden nun sowohl in ihrem Erhalt gefördert als auch für den Amtsverkehr in der jeweiligen Region akzeptiert. Seitdem scheint sich in den Vereinigten Staaten von Mexiko hier und da sogar ein wenig Stolz auf die babylonische Vielfalt im Lande zu regen. Und so wird Vanessa Avalos auf dem Plaza Santo Domingo in Mexiko-Stadt eines Tages vielleicht auch mal wegen eines Liebesbriefes in Nahuatl oder Tsotsil angesprochen werden.

Das Angebot an Dienstleistungen auf den Plätzen von Mexiko-Stadt ist vielfältig. Hier lässt sich eine Frau spirituell reinigen. Wir wissen nicht, ob der als Azteke verkleidete Mann ein echter Heiler ist oder nur Touristen unterhält – ein gutes Geschäft ist es in jedem Fall.

Ein Straßenhändler
in Mosambik

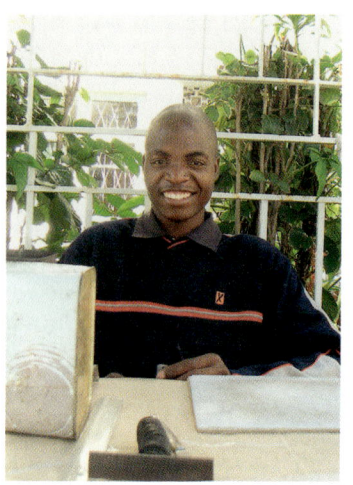

Gabriel Justino Maibaze, 22, ist in Mosambiks Hauptstadt Maputo aufgewachsen. Die Schule hat er nach der sechsten Klasse abgebrochen. Er betreibt einen eigenen Verkaufsstand auf der Straße vor einem Notariat des gepflegten Stadtteils Polana, an dem er Dokumente in Plastikfolie einschweißt. Er wohnt zusammen mit seiner Mutter, seiner Freundin und einigen Geschwistern am Rande der Stadt.

Mosambik

Einwohner: 20,9 Millionen
Währung: 100 Mosambikanische
  Metical = 0,0028 Euro
BIP pro Kopf: 1052 Euro
Human Development Index: 172

Aktuelle Durchschnittskosten

1 Brötchen mit frittierten Bohnen:
  12 Cent
1 Erfrischungsgetränk: 20 Cent
1 Schale Reis mit Gemüse-Fleisch-
  Soße: 45 Cent
Fahrt im Sammeltaxi: 17 Cent
1 Kaugummi: 2 Cent
1 plastifizierte A4-Urkunde (bei
  Gabriel Justino Maibaze): 85 Cent
1 plastifizierter Fahrzeugschein
  (bei Gabriel Justino Maibaze):
  40 Cent
1 Liter Benzin: 43 Cent
1 Sack Zement: 5,50 Euro
1 Grundstück (das von Gabriel Justino
  Maibaze): 170 Euro

Monatliche Einnahmen und Grundkosten:	»An guten Tagen verdiene ich bis zu 6 Euro, an schlechten nur zwei: im Schnitt 60 Euro im Monat. Alle drei Tage kaufe ich für 30 Cent Holzkohle für den Blechkanister, mit dem ich die Plastikfolien erhitze. Die Plastikfolie kostet pro Quadratmeter 2,70 Euro. Am meisten muss ich für Fahrtkosten ausgeben: fast 70 Cent pro Tag. Dazu kommen 50 Cent für Brot und Mittagessen. Freitags geht meine Freundin für die Woche einkaufen: fünf Kilo Reis, Tomaten, Zwiebeln, Fisch, Erdnüsse. 5 Euro gebe ich ihr dafür.«
Was bedeutet Ihnen Ihre Arbeit?	»Ich kann davon leben und bin mein eigener Chef. Aber es ist anstrengend. Ich würde lieber in einem Büro arbeiten oder einer Fabrik, in einer festen Anstellung. Aber ohne Schulabschluss nimmt mich niemand.«
Was machen Sie in Ihrer Freizeit?	»Ich bleibe zu Hause und kümmere mich um mein Haus, entspanne mich und bin mit meiner Freundin zusammen. Urlaub hatte ich noch nie. Von morgens bis zum Nachmittag bin ich an meinem Stand, auch mittags. Meine Kunden erwarten das. Wenn einer vorbeikäme und mich nicht anträfe, würde er sofort zu einem anderen fahren und nie wiederkommen.«
Was sind Ihre größten Probleme, und wie gehen Sie damit um?	»Die Bauarbeiten an meinem Haus. Man kann ein paar Tage ohne Essen leben, aber du brauchst ein Dach über dem Kopf. Ich habe 2002, als der Straßenverkauf gut lief, ein kleines Grundstück in unserem Viertel gekauft und in Raten abbezahlt. Jeden Monat spare ich jetzt Geld für ein bis zwei Sack Zement. Zwei Zimmer von den drei geplanten sind schon fertig. Da leben wir jetzt. Wenn das Haus fertig ist, kann ich endlich meine Freundin heiraten. Aber erst muss ich in der Lage sein, für sie zu sorgen.«

Maputo, die Hauptstadt von Mosambik: Das wichtige kulturelle Zentrum im südlichen Afrika wird auch von dem Bestsellerautor Henning Mankell sehr geschätzt.

Mosambiks Hauptstadt Maputo liegt alles andere als zentral. Sie schmiegt sich an die gleichnamige Bucht ganz im südlichen Zipfel der gut 2000 Kilometer, über die sich Mosambik von Norden nach Süden erstreckt, nicht weit entfernt von den Grenzen zu Swasiland und Südafrika. Diese Lage erklärt sich durch die historische Entwicklung: Unter der portugiesischen Herrschaft, als Maputo noch Lourenço Marques hieß und die Bucht Delagoa Bai, ließen die guten Verkehrsverbindungen in den Süden, insbesondere die 1895 fertiggestellte Eisenbahnlinie nach Pretoria in Südafrika, die Stadt stärker wachsen als jede andere Ortschaft im Lande.

Seit 1975 ist Mosambik unabhängig, seit 1976 trägt der Regierungssitz seinen heutigen Namen. Obwohl das Land oft mit Krisen, Epidemien und Naturkatastrophen zu kämpfen hatte, ist Maputo nicht nur wirtschaftlich und politisch bedeutend, sondern auch ein wichtiges kulturelles Zentrum im Süden Afrikas. Eine alte, pompöse portugiesische Festung ist zwar nach wie vor die größte Touristenattraktion, und der Fußballer Eusebio ist wohl der bekannteste Prominente aus Maputo. Doch aus der Stadt mit ihren 1,2 Millionen Einwohnern stammt zum Beispiel auch der weltweit bekannte Maler Mahumana Valente Mankeu. Und der prachtvolle Hauptbahnhof wurde von Gustave Eiffel entworfen und gebaut, der ihn Ende des 19. Jahrhunderts der Stadt schenkte.

Bekannt wurde auch das »Teatro Avenida«, das der Schriftsteller Henning Mankell mit aufgebaut hat, den es seit den 1980er Jahren immer wieder nach Maputo zieht. Er arbeitet dort hin und wieder als Intendant und Regisseur, wenn er von seiner beliebtesten Figur, dem Kommissar Wallander, und dessen schwedischer Melancholie eine Pause braucht.

Ebenfalls wichtig für die Stadt ist die staatliche Universität von Mosambik, benannt nach dem Freiheitskämpfer Eduardo Mondlane. Sie steuert nicht nur die geistig-kulturellen Geschicke des Landes mit, sondern arbeitet in Fakultäten wie der Ingenieurwissenschaft und der Medizin an der Lösung vieler Probleme des Kontinents. Außerdem ermöglicht nicht zuletzt ihre Verwaltung, neben den Regierungsbehörden, die Arbeit von Gabriel Justino Maibaze: Die Papiere der Bürokratie, die es in Maputo, wie überall auf der Welt, reichlich gibt, konserviert er als Zeugnisse der Entwicklung seiner Stadt.

Diese 1944 fertiggestellte katholische Kathedrale ist eine weitere Sehenswürdigkeit von Maputo. Es heißt, an ihrem Bau seien Prostituierte beteiligt gewesen, die auf diese Weise unbezahlte Geldstrafen abarbeiteten. Eine urbane Legende aus Afrika?

Ein Bauer in Nepal

Dubanath Neupane, 33, ist Bauer.
Weil er als ältester Sohn auch für seine acht
Geschwister sorgt, hat er zwei Jobs:
Die Hälfte des Jahres bestellt er mit seiner
Frau Reisfelder, schlägt im Wald Holz
für den Winter und versorgt die zwei Büffel
in seiner Heimat Baijalpur, an der Grenze
zu Indien. In der Touristensaison arbeitet er
als Träger und Trekkingführer in Pokhara,
im Himalaya-Vorgebirge Nepals. Er hat
einen achtjährigen Sohn.

Nepal

Einwohner: 28,9 Millionen
Währung: 100 Nepalesische Rupien
*   = 1,15 Euro*
BIP pro Kopf: 1052 Euro
Human Development Index: 142

Aktuelle Durchschnittskosten

1650-ml-Flasche Bier (im Restaurant):
*   1,18 Euro*
1750-ml-Flasche lokalen Weins Raxi:
*   36 Cent*
1 Liter Milch: 26 Cent
1 Büffel (weiblich): 250 Euro
1 Huhn (lebend): 2,37 Euro
Kinoticket: 17 bis 34 Cent
1 Jeans: 7,10 Euro
1 Schuluniform: 9,47 Euro
1 neues Herrenfahrrad: 35,55 Euro

26

Monatlicher Verdienst,
Grundkosten, Altersvorsorge:

»Wenn ich viele Aufträge als Trekkingführer bekomme, kann ich schon mal 95 Euro im Monat verdienen. Als Bauer verdiene ich nichts, weil wir alles brauchen, was wir anbauen. Meine Wohnung kostet 18 Euro im Monat, für Essen und Kleidung gebe ich 24 Euro aus, und die Gebühren für die private Schule meines Sohnes kosten mich 9 Euro. Den Rest spare ich. Steuern muss ich nicht zahlen, und ich habe keinerlei Altersvorsorge.«

Was bedeutet Glück für Sie?

»Genug Aufträge zu bekommen, um jeden Tag zu arbeiten und im Gebirge unterwegs zu sein. Sonst muss ich Arbeit suchen.«

Was möchten Sie in
Ihrem Leben ändern?

»Ich muss unbedingt mehr Geld verdienen, damit mein Sohn studieren kann. Ich möchte, dass er Medizin studiert, weil es auf dem Land viel zu wenig Ärzte gibt. Manchmal sterben Menschen nach einem Schlangenbiss auf dem Weg zum Arzt, weil das nächste Krankenhaus zwei Stunden entfernt ist.«

Was sind Ihre größten
Probleme, und wie
gehen Sie damit um?

»Das einzige wirkliche Problem ist, dass nie genug Geld da ist. Darum habe ich auch schon mal in Mumbai in Indien gearbeitet und später als Buchhändler in Pokhara. Dann bin ich Träger geworden, weil ich so mehr verdiene. Wenn aber auch im kommenden Jahr die Touristen ausbleiben, muss ich wohl nach Katar gehen, wo mein Cousin in einer Ölfabrik arbeitet.«

Warum kommen
nur noch so wenige Touristen
nach Nepal?

»Viele Touristen haben Angst vor den maoistischen Rebellen. Dabei greifen sie die Touristen gar nicht an. Manchmal fordern sie in entlegenen Gebieten eine ›freiwillige Spende‹ von zirka 14 Euro – doch dafür bekommen die Ausländer eine Quittung und müssen nie wieder zahlen.«

Trekking in Nepal: Wer im Himalaya wandert, braucht eine überdurchschnittliche Kondition und sollte gut organisiert sein.

»Achtung! Auf keinen Fall ohne Erste-Hilfe-Set in die Berge gehen.« Eine Binsenweisheit, will man meinen. Aber wer sich in Nepal auf Trekkingtour begibt, sollte sie ernst nehmen. Genauso wie die Hinweise auf die eigene Kondition: »Überdurchschnittlich« sollte sie für die meisten Touren durch das überwiegend dünn besiedelte Gebiet sein. Denn das Himalaya-Massiv im Norden und Osten des Landes mit seinen überwältigenden Ausblicken auf den Mount Everest zu erleben kostet Kraft – schon wegen der dünnen Luft in den Höhenlagen.

Acht der zehn höchsten Berge der Welt befinden sich in Nepal. Die parlamentarische Monarchie zwischen Tibet und China gilt als das durchschnittlich höchstgelegene Land der Erde, mehr als 40 Prozent seiner Fläche liegen auf über 3000 Meter Höhe.

Man unterscheidet in Nepal drei Arten des Trekkings. Die einfachste ist der Teahouse-Trek, bei dem man von Lodge zu Lodge wandert. Lodges sind spartanisch eingerichtete Gasthäuser mit warmen Mahlzeiten und Unterkunft, wie Berghütten in den Alpen. Meistens ist die nächste Lodge in wenigen Stunden erreichbar, was den Vorteil hat, dass man keine aufwendige Ausrüstung braucht und vor allem selten Träger oder Führer wie Dubanath Neupane. In der Annapurna-Region nördlich der Stadt Pokhara, wo Neupane die Touristen betreut, liegen die Ansprüche allerdings höher. Hier sind fast nur zwei Arten des organisierten Treks möglich: Entweder man regelt als Gruppe alles selbst, von der Route über den Proviant bis zum Führer- und Trägerpersonal – damit ist man unterwegs besonders flexibel. Oder man legt alles in die Hände einer Trekkingagentur und wandert in einer größeren Gruppe auf festgelegten Routen – nur so kommt man in wenig erschlossene Regionen wie Dolpo oder Mustang.

Natürlich fühlt man sich auf einer organisierten Tour auch sicherer, falls man wirklich einmal auf eine der von Dubanath Neupane erwähnten Rebellengruppen trifft – obwohl die Formalitäten in einem solchen Fall auch nicht viel anders sind als beim Eintritt in einen der Nationalparks, durch die die meisten Treks führen. Diversen Reiseberichten zufolge bezahlt man tatsächlich nur eine Gebühr und bekommt dafür sogar eine Quittung.

So stellt man sich einen gemütlichen Wanderurlaub vor, aber der Eindruck täuscht: In den hohen Lagen des Himalaya ist die Luft dünn und das Wandern hart. Trotzdem besuchen jedes Jahr rund 300 000 Menschen das Land, um die spektakuläre Bergwelt zu genießen.

Ein Lokführer
in Norwegen

Ove Fregstad lebt in Nesttun bei Bergen in Norwegen. Er ist 55 Jahre alt und arbeitet seit 32 Jahren als Lokführer bei der Norges Statsbaner NSB. Seine Frau ist Sekretärin in einer Baufirma. Sie haben keine Kinder. Fregstad war ein Jahr Seemann, bevor er 1972 seine sechsjährige Ausbildung zum Lokführer bei der NSB begann.

Norwegen

Einwohner: 4,6 Millionen
Währung: 100 Norwegische Kronen
*   = 13 Euro*
BIP pro Kopf: 32 463 Euro
Human Development Index: 2

Aktuelle Durchschnittskosten

1 Kilo Hackfleisch: 8,10 Euro
400 Gramm tiefgekühltes Dorschfilet:
*   5,54 Euro*
700 Gramm Himbeermarmelade:
*   2,85 Euro*
1 Liter Benzin: 1,39 Euro
1 Fahrkarte mit der Norges Statsbaner
*   NSB von Oslo nach Bergen:*
*   89,18 Euro*

Monatsverdienst, Monatsgrundkosten, Altersvorsorge:	Ove Fregstad arbeitet 150 Stunden im Monat und verdient brutto 3047 Euro. Für Nachtfahrten und Wochenenden erhält er Zuschläge, ebenso an Feiertagen und für auswärtige Übernachtungen. Für seine Uniform zahlt er monatlich 7,20 Euro. Sowohl Krankenversicherung als auch Pension sind staatlich garantiert. Seit ihr Haus abbezahlt ist, leben die Fregstads schuldenfrei.
Wie und wie oft machen Sie Urlaub?	»Wir haben eine Hütte in den Bergen, dort bin ich zwischendurch gerne. Außerdem habe ich fünf Wochen Ferien im Jahr, da verreisen wir viel, wie alle Norweger. Wir waren zuletzt in Amsterdam, in Rom und auf Sizilien.«
Was tun Sie in Ihrer Freizeit?	»Ich beschäftige mich mit meiner Comicsammlung: Ich besitze Donald-Duck-Hefte aus Norwegen, Dänemark, den Niederlanden und den USA.«
Was bedeutet Ihnen Arbeit?	»Mein Beruf bedeutet mir sehr viel, ich mag es, Züge zu fahren. Sogar in meiner Freizeit beschäftige ich mich mit Lokomotiven. Ich war Redakteur für ein Buch zum hundertsten Geburtstag der Gewerkschaft der Lokführer. Es sind mehr als 200 Seiten, mit Kapiteln über Dampflokomotiven und Neigezüge, Unglücke und Verkehrsentwicklung, das Arbeitsmilieu und den Kampf gegen den Schnee.«
Eine norwegische Redensart heißt: »Es geht immer ein Zug.«	»So einfach ist es auch nicht. Wir Lokführer sind zum Beispiel skeptisch, ob die neuen Neigezüge stark genug sind, um mit Schneeverwehungen fertig zu werden. In den vergangenen drei Wintern hatten wir keine Probleme, weil es wenig Schnee gab. Aber wir sind abhängig von geräumten Schienen. 1990 sind wir am Berg Kongsnut im Schnee stecken geblieben – mit einem Schneeräumungszug! Das war sehr aufregend. Zum Glück hatten wir ein Rettungsteam dabei, das in den Bergen vermisste Menschen suchen sollte.«

Donald Duck und die Donaldisten: Die berühmteste Ente der Welt wird von ihren Fans nicht nur geliebt, sondern auch systematisch erforscht.

Wie seine Beschäftigung mit Donald-Duck-Comics genau aussieht, hat Ove Fregstad leider nicht verraten. Aber vielleicht gehört er zu denen, die sich so hingebungsvoll um die cholerische, faule Cartoon-Ente samt Familie und Lebensraum kümmern, dass es einer Heiligenverehrung gleichkommt. In Europa haben sich solche Fans, die sogenannten Donaldisten, in drei Ländern sogar in Vereinen organisiert, zwar nicht in Norwegen, aber immerhin in Dänemark, Schweden – und in Deutschland.

Die »Deutsche Organisation nichtkommerzieller Anhänger des lauteren Donaldismus«, was mehr oder weniger elegant das Kürzel D.O.N.A.L.D. ergibt, wurde 1977 von Hans von Storch gegründet. Der hauptberufliche Klimaforscher gilt als Begründer des deutschen Donaldismus, ein Jahr zuvor hatte er die Zeitschrift *Der Hamburger Donaldist* (ab 1985 nur noch *Der Donaldist*) initiiert. Was der durchschnittliche Donald-Duck-Fan erst nachgucken muss, weiß der Donaldist auswendig: 1934 tauchte Donald Duck zum ersten Mal in einem Zeichentrickfilm auf, 1943 bekam der wackere Erpel im Propagandakampf gegen Hitler für »Der Fuehrer's Face« einen Oscar, und 2004 erhielt die Comicfigur endlich auch einen Stern auf dem Walk of Fame in Hollywood.

Darüber hinaus gilt es besonders für die deutschen Donaldisten als unumstößlich, dass Carl Barks für immer der größte aller Donald-Zeichner bleiben wird. Barks textete und zeichnete von 1942 bis Mitte der 1960er Jahre einen Großteil der Comichefte mit Donald Duck. Er koppelte Donald von der ewig netten Micky Maus ab und erfand Entenhausen mit seinen Einwohnern, die heute jeder kennt: Donalds Neffen Tick, Trick und Track, seinen geizigen reichen Onkel Dagobert, den Glückspilz Gustav Gans, die unerreichbare Geliebte Daisy und die Panzerknacker. Erst dank dieses umfangreichen Ensembles an Nebenfiguren sind die tiefenpsychologischen und -soziologischen Überlegungen der Donaldisten möglich, wie etwa die Thesen zur »Veronkelung von Entenhausen«. Aber Donaldisten wissen auch zu feiern. Auf den jährlichen D.O.N.A.L.D.-Kongressen geht es hoch her, nicht zuletzt dank Promi-Mitgliedern wie Alice Schwarzer, die 2005 feststellte: »Gustav Gans ist eine Tunte.«

Ein Thema wird unter Donaldisten allerdings noch sehr stiefmütterlich behandelt: die Verwandlung Donalds in den nächtlichen Rächer Phantomias, eine Art Batman-Verschnitt. In Italien ist man da weiter, denn dort wurde der lila Superheld Ende der 1960er Jahre als »Paperinik« erfunden. Und weil nur dort, also fern von Carl Barks' Entenhausen-Kosmos, die Figur bis heute weiterentwickelt wird, nehmen sie echte Donaldisten nicht ganz ernst. Wenn Ove Fregstad das nächste Mal Urlaub in Sizilien macht, kann er in dieser Hinsicht noch einige Entdeckungen machen.

Zu seinem 70. Geburtstag bekam Donald Duck einen Stern auf dem Walk of Fame in Hollywood. Diese Ehre teilt er nicht nur mit großen Stars aus Film, Fernsehen und Musik, sondern auch mit seinen Kollegen Lassie, Schneewittchen und Godzilla.

Ein Ureinwohner in Peru

Alberto Santoma Shantiori gehört zum Volk der Asháninka im peruanischen Regenwald. In seinem Dorf Chamiriari am Rio Perené gibt es keine Straße, keinen Strom und einen Wasserhahn für 200 Menschen. Dort sammelt Shantiori Früchte, Wurzeln, Heilkräuter, Würmer, Spinnen, Raupen und jagt Wild. Auf einem kleinen Feld baut der 41-Jährige mit seinen Brüdern Maniok und Kaffee an. Alle wohnen zusammen unter einem geflochtenen Blätterdach ohne Wände. Der Vater von vier Kindern hat nie eine Schule besucht, zählt aber zu den wenigen im Dorf, die Spanisch sprechen.

Peru

Einwohner: 28,7 Millionen
Währung: 100 Peruanische Sol
    = 23,47 Euro
BIP pro Kopf: 4628 Euro
Human Development Index: 87

Aktuelle Durchschnittskosten

1 Liter Superbenzin: 1 Euro
Gebratener Reis mit Huhn: 1,20 Euro
Nachtbusticket Lima–Satipo,
    1. Klasse, 10 Stunden Fahrzeit:
    9 Euro
1 Hängematte: 6 Euro
1 Paar Gummistiefel: 3 Euro
1 Moskitonetz: 5 Euro
10 frische Brötchen: 25 Cent
1 Liter Mineralwasser: 70 Cent
1 Jaguarfell auf dem Schwarzmarkt:
    100 Euro

**Monatsverdienst,
Monatsgrundkosten,
Altersvorsorge:**

»Alles, was wir essen, und auch die Medizin holen wir aus dem
Wald. Den Kaffee verkaufe ich mit meinen Brüdern einmal im Jahr
an einen Zwischenhändler in der nächsten Stadt. Für 1000 Kilo
bekommen wir zirka 960 Euro. Davon bezahlen wir die Transport-
kosten und kaufen alles für die insgesamt 20-köpfige Großfamilie,
was wir nicht im Wald finden können – Kleidung, Munition, Salz,
Zucker und Schulhefte. Meine vier Kinder sollen zur Schule gehen
und später in der Stadt arbeiten, so dass sie mich unterstützen können,
wenn ich alt bin. Bei uns jagen aber auch noch die 70-jährigen
Männer.«

Was bedeutet Ihnen Arbeit?

»Ich arbeite immer. Für mich und meine Familie oder für das
Dorf. An zwei Tagen im Monat arbeiten wir alle zusammen,
wir bauen zum Beispiel eine Hütte für den Lehrer oder reparieren
das Boot. So etwas wie Urlaub kennen wir nicht. Wer nichts
macht, hat nichts. Dann leidet man. Nach der Arbeit trinke ich
mit meinen Freunden und meiner Familie *masato*, gekochten,
vergorenen Maniok.«

**Was sind Ihre größten
Probleme, und wie
gehen Sie damit um?**

»Der Wald gehört uns, dafür haben wir sogar die Dokumente.
Aber es kommen immer mehr Siedler aus den Anden, die unsere
Bäume fällen. Wir reden mit ihnen und den Behörden, aber
wenn sich nichts ändert, müssen wir kämpfen. Viele Wälder in
der Gegend sind bereits zerstört, und wir müssen alles tun, damit
uns das hier nicht auch passiert. Ohne den Wald können wir
nicht leben.«

Die Asháninka in Peru: Die im Amazonas lebenden Ureinwohner sind ein friedliches Volk – auch wenn das nicht immer leicht ist.

Die spanischen Forscher und Eroberer in Mittel- und Südamerika beschrieben die Kariben gerne als ein kriegerisches Volk, die Arawaken dagegen als friedliebend. Zu den Arawaken zählten die Kolonialisten alle indigenen Völker in Mittel- und Südamerika, bei denen sie eine der Arawak-Sprachen erkannten – so wie die im Amazonasgebiet lebenden Asháninka, was mit »Brüder der Menschen« oder »Menschen, die zuhören« übersetzt wird. Die meisten der zirka 65 000 Asháninka sind in den Urwäldern des peruanischen Tieflandes ansässig – so wie Alberto Santoma Shantiori am Rio Perené.

Shantiori deutet aber auch ein Problem seines Volkes an: Es ist nicht immer leicht, friedliebend zu sein. Die Asháninka gehören zu den indigenen Völkern, von deren Schicksal man oft liest oder hört, ohne dass man sich ihre Namen wirklich merken kann. Die Gewalt, die diese Menschen seit vielen Generationen erlebt haben, ist erschreckend exemplarisch: Die Asháninka litten im peruanischen Bürgerkrieg unter dem Guerillaterror der Gruppe Sendero Luminoso (»Leuchtender Pfad«). Sie litten und leiden unter dem weitgehenden Desinteresse der Regierung im fernen Lima, die im Tiefland nur aktiv wird, wenn Drogenfahnder wieder einmal sämtliche Einheimischen unter Generalverdacht stellen. Und nicht zuletzt wird ihnen ihr Wald, den sie nutzen, pflegen und erhalten, im Auftrag internationaler Firmen skrupellos weggeholzt.

Angesichts dieser unmittelbaren Probleme wirkt der Hinweis auf die negativen Folgen der Rodung für das globale Klima fast rührend altruistisch. Das ist er aber nicht, wie Guillermo Ñaco Rosa, der Präsident der peruanischen Asháninka-Organisation ARPI, genau weiß. »Klar ist, dass Eure Hilfe für den Regenwald letztlich auch Euch selbst zugute kommt«, schrieb er in einem Grußwort an die Stadt München, die sich als Mitglied des »Klimabündnisses der europäischen Städte mit indigenen Völkern der Regenwälder« seit 1997 in einer Projektpartnerschaft mit dem Volk der Asháninka engagiert. Rosa hat längst erkannt, dass der Hinweis auf die eigenen Interessen der Verbündeten hilfreicher ist als die Hoffnung auf ihre Wohltätigkeit.

Hilfe bedeutet in diesem Fall aber nicht nur lokale, sondern auch juristische Unterstützung. Wichtig ist vor allem, dass die Besitzrechte des Landes eindeutig geklärt werden. Wenn die Dörfer gültige Landtitel für ihren Grund besäßen, wäre die Machtlosigkeit der Asháninka maßgeblich reduziert. Sie könnten sich bei Problemen direkt an die Justiz wenden – ganz friedlich.

Dieser Asháninka aus Pampamichi trägt einen kushma, *einen traditionellen Umhang aus Baumwolle, dessen Schulterpartien mit Pflanzensamen verziert sind. Der Schmuck wird aus Samen und Tierzähnen hergestellt, die Körperfarbe aus Samen des Annattostrauchs gewonnen.*

Ein Arbeiter in Polen

Dariusz Rogala, 28, ist ein Wanderer zwischen zwei Welten: Mit seiner Frau und dem vierjährigen Sohn lebt er 120 Kilometer von Warschau entfernt in einem halbfertigen Haus. Alle in seinem Dorf sind arm, sagt er, viele arbeitslos. Von Montag bis Freitag fährt er mit Kollegen zur Arbeit in die Hauptstadt. Eigentlich ist er Fahrer, fand aber keine Arbeit und jobbt deshalb bei einer Baufirma.

Polen

Einwohner: 38,5 Millionen
Währung: 100 Polnische Zloty
  = 26,50 Euro
BIP pro Kopf: 10 097 Euro
Human Development Index: 37

Aktuelle Durchschnittskosten

1 Bier in der Bar: 1 Euro
1 Milchkaffee: 2 Euro
1 Liter Benzin: 97 Cent
1 Fußballticket: 9 Euro für den
  Stehplatz
1 Liter Milch: 20 Cent

Monatlicher Verdienst, Grundkosten und Altersvorsorge:	Dariusz Rogala verdient 250 Euro, und die braucht er auch im Monat für Lebensmittel, Kleidung und Strom. Im Alter will er zwei Hektar Ackerland, die ihm gehören, bewirtschaften oder verkaufen.
Wie und wie oft machen Sie Urlaub?	»Überhaupt nicht. Ich muss immer arbeiten, damit wir über die Runden kommen. Ein Mittagessen in einem der Touristen-restaurants – und mein Tageslohn wäre aufgezehrt.«
Was tun Sie in Ihrer Freizeit?	»Wir haben von dem kleinen Erbe meiner Eltern ein altes Haus gekauft. Es muss nach und nach komplett renoviert werden, das dauert, denn ich mache alles selbst. Wenn ich mir etwas Besonderes gönnen will, trinke ich ein gutes polnisches Bier.«
Was möchten Sie in Ihrem Leben verändern?	»Ich wünsche mir eine Arbeit, bei der ich mehr verdiene. Es kann doch nicht sein, dass von meinem bisschen Lohn gar nichts übrig bleibt!«
Was bedeutet Ihnen Arbeit?	»Sie ist nur Mittel zum Zweck, eben Geld zu verdienen. Sie macht mir keine Freude.«
Polen gehört jetzt zur EU. Macht Ihnen das Hoffnung?	»Ich erwarte nichts von der Zukunft, vor allem kann ich selbst nichts machen. Der Beitritt zur EU wird für die armen Leute gar nichts ändern. Ich würde gern in Deutschland als Fahrer arbeiten, aber ich bin sicher: Die brauchen mich sowieso nicht.«

Polnische Arbeiter in Deutschland: Seit fast 140 Jahren sind die billigen Werktätigen aus dem Nachbarland bei uns gefragt – und ebenso lang misstraut man ihnen.

Pilawa, Bednarz oder Schimanski – wer denkt bei diesen Namen, die in der deutschen Fernsehlandschaft völlig unverdächtig klingen, schon an Autoschieber und Billiglohn? Doch mit einer schlichten Trennung in Gut und Böse kommt man nicht weit, will man das Verhältnis der Deutschen zu den Polen begreifen. Denn das ist nach wie vor schwierig: Dariusz Rogala hat vermutlich recht, wenn er sich wenig Hoffnung auf einen Job im Deutschland des 21. Jahrhunderts macht – zumindest auf einen regulären. Aber vielleicht ist das für ihn nicht so schlecht: Wenn er sich schon zwischen Warschau und seinem Heimatdorf als »Wanderer zwischen zwei Welten« fühlt, wie ginge es ihm wohl erst hierzulande als Fahrer mit einer begrenzten Arbeitserlaubnis?

In der Zeit von etwa 1870 bis zum Ersten Weltkrieg waren polnische Arbeiter, die sogenannten Ruhrpolen, im Bergbau und in der Industrie sehr gefragt. Im Alltag wurden sie dagegen von Beginn an diskriminiert. Schon vor 1918 keifte es den mehr als 500 000 polnischsprachigen Menschen, die aus den Ostprovinzen des deutschen Kaiserreiches in die industriellen Ballungsräume im Westen gezogen waren, »Pollaken!« entgegen. Dabei gab es damals noch gar keinen polnischen Staat. Doch die Polen erwiesen sich als zäh. Sie gründeten Interessenvertretungen und sogar eine eigene Gewerkschaft. 1918 zögerten die meisten trotzdem nicht zurückzukehren – in die neue, eigene Nation.

Das Schimpfwort hat sich bis heute gehalten, die Spuren der Ruhrpolen sind dagegen weitgehend verwischt. Genau wie die jener Polen, die nach Berlin gingen. Die Hauptstadt war damals die zweite große Anlaufstelle für polnischsprachige Zuwanderer. Wer weiß heutzutage schon noch, dass das »Weiß- und Wollwarengeschäft Hermann Tietz«, das sich schließlich zur deutschen Warenhausdynastie Hertie entwickelte, von der jüdisch-polnischen Familie Tietz 1882 in Berlin gegründet wurde?

Solche Erfolgsgeschichten hatten keine Chance gegen den weiteren Verlauf der Geschichte: 1,7 Millionen polnische Zwangsarbeiter, die im Zweiten Weltkrieg nach Deutschland verschleppt wurden, auf der einen und etwa eine Million polnische Zuwanderer seit den 1980er Jahren auf der anderen Seite bilden ein gewaltiges historisches Konfliktpotenzial, das bis heute Missmut und Schuldzuweisungen erzeugt. Nur Fernsehstars mit polnischen Familiennamen merken davon nichts.

Ein Polizist entfernt am 30. April 2004 in Zittau die Zollschilder an der Grenze zu Polen. Damals fürchtete man polnische Zigarettenschmuggler. Nach der nächsten Osterweiterung am 1. Januar 2007 beherrschte dann die Angst vor den Rumänen die Sensationsmedien.

Eine Kioskbetreiberin in Portugal

Fernanda Santos, 47, betreibt seit 18 Jahren einen Zeitungskiosk in der Hafenstadt Porto. Es ist eine typisch portugiesische Einrichtung, eine winzige Kammer in einem Treppenhaus. Fernanda Santos ist eines von zehn Kindern, ihr Vater ist im Krieg gefallen, ihre Mutter hat sich nie davon erholt. Sie ist sehr froh, dass es ihr besser geht. Sie ist verheiratet und hat zwei Kinder.

Portugal

Einwohner: 10,6 Millionen
Währung: Euro
BIP pro Kopf: 14 118 Euro
Human Development Index: 29

Aktuelle Durchschnittskosten

1 Liter Milch: 41 Cent
Kinokarte: 4,60 Euro (in Lissabon,
  3,60 Euro auf dem Land)
1 Liter Benzin: 1,34 Euro

Monatlicher Verdienst:	»Rund 1000 Euro.«
Monatliche Grundkosten:	»Wir zahlen 245 Euro Miete für unsere Wohnung, dazu kommen 50 Euro an Strom- und 25 Euro an Wassergebühren. Die Miete für den Kiosk beträgt 66 Euro. Für Lebensmittel geben wir etwa 400 Euro im Monat aus. Ich weiß gar nicht mehr, wann wir das letzte Mal Kleidung gekauft haben. Unsere Familie ist sehr groß, und wir reichen die Sachen immer untereinander weiter.«
Altersvorsorge:	»Ich habe keine, wenn man mal von den miserablen 200 Euro Rente absieht, die der Staat bezahlt. Es wird einem in Portugal sehr schwer gemacht, Geld fürs Alter zu sparen.«
Wie und wie oft machen Sie Urlaub?	»Jedes Jahr im August schließe ich den Laden für drei Wochen. Dann bleibe ich zu Hause und schlafe sehr viel. Im Grunde genommen sind mir die Volkshochschulkurse, die ich seit Jahren besuche, viel wichtiger. Ich lerne immer etwas Neues: eine Sprache oder jetzt ein Kunsthandwerk, etwa, wie man mit einfachen Mitteln schöne Weihnachts- oder Glückwunschkarten bastelt.«
Was ist das Wichtigste in Ihrem Leben?	»Das sind meine Familie und alle netten Menschen, die täglich zu mir kommen und etwas kaufen.«
Welchen Stellenwert hat Geld für Sie?	»Geld ist nicht gut, aber notwendig. Man braucht es zum Leben. Ich bin sehr froh, dass ich auch ohne viel Geld glücklich sein kann.«
Was möchten Sie in Ihrem Leben gern ändern?	»Ich bin ein einfacher Mensch und mit dem zufrieden, was ich habe. Ich liebe Gartenarbeit und habe einen Garten. Ich unterhalte mich gern und habe dazu täglich Gelegenheit. Das passt doch alles wunderbar zusammen.«

Armut und Strukturförderung in Portugal: Der EU-Beitritt hat dem ältesten Nationalstaat Europas sehr geholfen, doch das Land ist weiterhin wirtschaftlich schwach.

Das »Armenhaus Europas« oder gar eine »demokratische Spätgeburt«, wie es auf www.europa-spiegel.de heißt, sind sicherlich keine schmeichelhaften Begriffe für eine Nation. Doch die Struktur und Tradition der Armut ist in Portugal nun mal alt und hartnäckig. Nicht umsonst spricht man bei einem Minikiosk wie dem von Fernanda Santos von einer »typisch portugiesischen Einrichtung«.

Schon bald nach Ende des Zweiten Weltkriegs hofften die Portugiesen auf Hilfe durch eine schnelle Anbindung an den europäischen Staatenverbund. Doch selbst als 1974 die Nelkenrevolution endlich die seit 1926 regierende rechtsautoritäre Diktatur beendete, dauerte es noch zwölf Jahre, bis die Europäische Union Portugal als reif für den Beitritt befand, gemeinsam mit Spanien. Zu dem Zeitpunkt war die Demokratisierung zwar auf einem guten Weg. Dennoch blieb der Atlantikstaat wegen seiner hohen Arbeitslosigkeit, mangelnder Bildung, der schlechten Infrastruktur und der ineffizienten Verwaltung das am wenigsten entwickelte Land in Westeuropa. Da kam ein EU-Beihilfe-Instrument gerade recht: die Strukturförderung. Über verschiedene Fonds, die ungefähr ein Drittel der europäischen Haushaltsmittel in Anspruch nehmen, werden Aufbau und Modernisierung von benachteiligten Regionen im EU-Gebiet subventioniert und gefördert – jeweils co-finanziert mit nationalen Haushaltsmitteln.

In Portugal klappte das zunächst so gut, dass sich das Land im Lauf der 1990er Jahre zumindest nominell zum wirtschaftlichen Musterknaben der EU mauserte. Noch um die Jahrtausendwende herrschte im Großraum Lissabon nahezu Vollbeschäftigung, auch wenn unter anderem ein großer informeller Sektor mit einer vielfältigen Schattenwirtschaft die offizielle Arbeitslosenquote drückte. Zur gleichen Zeit wurde aber auch deutlich, dass aufgrund der Co-Finanzierung der Strukturförderung sich die jährliche Neuverschuldung Portugals so stark erhöht hatte, dass das Land massiv gegen den Stabilitätspakt verstieß.

Das passierte bekanntermaßen auch anderen Ländern, aber die harten Sparprogramme haben Portugal besonders stark getroffen. Der älteste Nationalstaat Europas, der zusätzlich durch die verheerenden Brände in den vergangenen Jahren gebeutelt ist, hat in der EU weiterhin schwer zu kämpfen. Und die aktuelle Osterweiterung der Union hat diesen Kampf nicht leichter gemacht: Die Strukturförderung wird neu organisiert, denn nun gibt es neue Bedürftige für die Töpfe des europäischen Haushalts. Keine einfache Zeit für einen kleinen Kiosk.

So einen kleinen Laden, von denen es zahllose gibt in Portugal, wünschen sich wohl viele Deutsche in ihrer Nachbarschaft. Dabei darf man nicht vergessen: Einst gab es auch bei uns überall solche Tante-Emma-Läden – sie waren den meisten Leuten bloß irgendwann zu teuer.

Eine Verkäuferin
in Russland

Lida Frolikowa, 50, verkauft Drogerie-
artikel auf einem Markt am Weißrussischen
Bahnhof in Moskau. Sie wohnt mit fünf
anderen Personen in einem Zimmer einer
Kommunalka, einer Gemeinschaftswohnung.
Bevor sie vor zwei Jahren entlassen wurde,
arbeitete die studierte Eisenbahntechnikerin
in einem Stellwerk in Brjansk. Sobald ihr
Sohn und ihre Schwiegertochter Arbeit
gefunden haben, möchte sie nur noch auf
ihr Enkelkind aufpassen.

Russland

Einwohner: 141,4 Millionen
Währung: 100 Russische Rubel
    = 2,83 Euro
BIP pro Kopf: 8554 Euro
Human Development Index: 67

Durchschnittskosten

1 Liter Milch: 56 Cent
1 Kilo Brot: 77 Cent
1 Liter Benzin: 54 Cent

Monatlicher Verdienst:	Lida Frolikowa verdient zwischen 4 und 6 Euro am Tag, je nach Verkauf. Da sie sieben Tage pro Woche arbeitet, kommt sie auf 120 bis 180 Euro im Monat.
Monatliche Grundkosten:	60 Euro für Lebensmittel, 24 Euro für Miete. Für sich selbst gibt sie so wenig Geld wie möglich aus. Sie spart alles für ihren Sohn und ihre Schwiegertochter, die beide arbeitslos sind und ein acht Monate altes Kind haben.
Altersvorsorge:	Keine. Sie lebt »zwischen Himmel und Erde«, wie sie sagt. Ob sie eine staatliche Rente bekommen wird, weiß sie nicht. Die Grundrente beträgt zurzeit in Russland im Durchschnitt etwa 20 Euro.
Wie und wie oft machen Sie Urlaub?	»Alle zwei Monate fahre ich für zwei oder drei Tage zu meiner Familie nach Brjansk, um ihnen das gesparte Geld zu bringen.«
Was ist das Wichtigste in Ihrem Leben?	»Dass meine Kinder auf eigenen Beinen stehen können und dass sie Arbeit haben.«
Welchen Stellenwert hat das Geld in Ihrem Leben?	»Wenn man kein Geld hat, kann man nicht leben. Früher war es einfacher, ich musste mir nicht so viele Gedanken darum machen. Heute denke ich immer ans Geld.«
Was würden Sie in Ihrem Leben gern ändern?	»Ich hätte gern mehr Stabilität. Früher war ich Vertrauensperson in meinem Betrieb und hatte eine Zukunft. Heute muss ich ständig unterwegs sein, um zu überleben.«

Was ist eine Kommunalka? Eine billige Möglichkeit zu wohnen, eine eigene Klobrille für jeden – und eine Gemeinschaft, die man nicht missen möchte.

Diverse wissenschaftliche Studien über die postsowjetische Entwicklung in russischen Metropolen wie St. Petersburg oder Moskau haben es längst belegt: Was die Gentrifizierung angeht, also die Verdrängung alteingesessener Einwohner durch ein neues, wohlhabendes Bürgertum, inklusive hermetisch abgeriegelter Wohnanlagen und prächtig restaurierter Altbauten, ist man im neuen Russland mindestens so aktiv wie in New York oder Berlin. Und inmitten dieses Getöses um Neureiche und Altarme stößt man immer wieder auf eine Frage: Was soll aus den Kommunalkas werden?

Diese meist auf engstem Raum wuchernden und selten freiwilligen Wohngemeinschaften wurden vor allem in der Anfangszeit der Sowjetunion offiziell gefördert, um allen Sowjetrussen ein Dach über dem Kopf zu bieten. In den Innenstädten von St. Petersburg und Moskau sind sie jedoch bis heute erhalten geblieben. Die sozial und hygienisch bedenklichen Lebensumstände, die Lida Frolikowa schildert, sind für Kommunalkas typisch: Auf zehn Zimmer verteilt leben bis zu zehn Familienclans oder Personengruppen, die auf ebenso vielen klapprigen Gasöfen in einer überquellenden Küche kochen – und jede Zimmergruppe nimmt ihre eigene Klobrille mit ins Bad.

Für die örtlichen Behörden sind das seit vielen Jahren genug Argumente, die Wohngemeinschaften aufzulösen. Das hat aber nicht nur soziale Gründe: Viele Kommunalkas befinden sich in großen, zentral gelegenen Gebäuden, die für Investoren höchst attraktiv sind. Von der Idee bis zur Wirklichkeit ist es in Russland aber auch nach dem Ende der Planwirtschaft oft weit: In St. Petersburg hatte man 1985 vor, bis zum Jahr 2000 allen Familien eigene Wohnungen zu verschaffen. Das hat nicht geklappt, nun ist von einer Frist bis 2010 die Rede.

Dass die Kommunalkas nicht so einfach verschwinden, liegt auch daran, dass viele Menschen diese Lebensform schätzen – und zwar nicht nur aus finanziellen Gründen, sondern auch wegen ihrer sozialen Bedeutung. Alte Leute haben schon Angebote für eigene Apartments am Stadtrand ausgeschlagen, weil der täglichen Reiberei mit der Zimmernachbarin eine Geborgenheit innewohnt, die sie nicht missen möchten. Und nicht wenige junge russische Bohemiens finden es schick, sich ebenfalls auf diese alte Wohntradition einzulassen. Denn im besten Falle kann eine Kommunalka auch eine coole WG sein, in der frische Ideen jenseits aller Neureichenprotzerei gedeihen.

Elende Plattenbauten wie dieses Wohnhaus in Sibirien prägen unser Russlandbild, doch hinter den kargen Mauern geht es oft fröhlich zu. Zum Feiern gehören neben Musik und Tanz natürlich Wodka sowie zakuski *(kleine Happen) wie eingelegter Fisch, Wurst, gefüllte Eier und der klassische Salat Olivier.*

Ein Dozent
in Sierra Leone

Joseph Lansana Kormoh ist 40 Jahre alt und hat vier Universitätsabschlüsse. Er lehrt Geschichte und Afrikawissenschaften am Fourah Bay College in der Hauptstadt Freetown und ist zugleich *warden*, eine Art akademischer Hausmeister eines Studentenwohnheims auf dem Campus. Er ist verheiratet und hat drei Kinder.

Sierra Leone

Einwohner: 6,14 Millionen
Währung: 100 Sierraleonische Leones
*   = 0,024 Euro*
BIP pro Kopf: 631 Euro
Human Development Index: 177

Aktuelle Durchschnittskosten

1 Pint Bier: 50 Cent
1 Tasse Reis: 12 Cent
1 Fanta (kl. Flasche): 24 Cent
1 Schweinsfuß: 60 Cent
1 Bund Süßkartoffelblätter: 6 Cent
1 Zigarette: 2 Cent
Stadtfahrt im Sammeltaxi: 20 Cent
1 Gallone Benzin: 3,20 Euro
3 kleine Auberginen: 12 Cent
5–6 kleine Tomaten: 12 Cent
1 kleine Tüte Holzkohle: 12 Cent
1 Pint Palmöl (zum Kochen): 37 Cent

Monatlicher Verdienst und Grundkosten:	Kormoh verdient umgerechnet knapp 180 Euro. Er zahlt als *warden* keine Miete. Sein Einkommen gibt er für Lebensmittel, Haushalt und Fahrtkosten aus. Fürs Alter sorgt er nicht vor, er spart aber für die Ausbildung seiner Kinder. Wie viel, verrät er allerdings nicht, denn: »Die Großfamilie ist überall.«
Wie und wie oft machen Sie Urlaub?	»Ich mache keinen Urlaub. In der Vorlesungszeit halte ich Vorlesungen, in der vorlesungsfreien Zeit wird erwartet, dass ich forsche. Bei mir kommt noch hinzu, dass ich *warden* bin und ständig für die Studenten erreichbar sein muss, wenn es Probleme gibt. Wir Akademiker haben keine festen Verträge, und wenn wir den Campus für längere Zeit verlassen wollen, müssen wir um Erlaubnis bitten. Das letzte Mal auf Reisen war ich 2005, zu Konferenzen im Senegal und in Ägypten.«
Was ist das Wichtigste in Ihrem Leben?	»Das wichtigste Ereignis war, als mein erster Sohn zur Welt kam. Das hat mir gezeigt, dass ich ein Mann bin. Er ist wahrscheinlich die wichtigste Person in meinem Leben. Und schon ein richtiger Gentleman, mit acht.«
Was sind Ihre größten Probleme, und wie gehen Sie damit um?	»Der soziale Druck, die finanziellen Erwartungen von Verwandten sind oft zu groß. Das kostet viel Zeit und Kraft. Geld sowieso. Die Leute glauben nicht, dass man als Dozent kein Geld hat. Ich möchte endlich ein Fundament für die Zukunft meiner Kinder legen.«
Was bedeutet Ihnen Arbeit?	»Ich glaube, es war meine Berufung, Akademiker zu werden. Ich bin der Sohn eines Bauern, der mit der Machete aufs Feld ging, und der Einzige in der Familie mit einem Uniabschluss. Meine Arbeit und meine Verantwortung nehme ich sehr ernst. Davon abgesehen heißt Arbeit für mich: Geld verdienen. Ich finde, Geld, für das man nicht gearbeitet hat, ist schlechtes Geld.«

Sierra Leone nach dem Bürgerkrieg: In der Politik spiegeln sich die ethnischen Konflikte, vor Wahlen kommt es manchmal noch zu Gewaltausbrüchen.

Ganz plötzlich, im August 2007, war Sierra Leone, eines der am wenigsten entwickelten Länder der Welt, wieder in den Schlagzeilen. Das hatte auch damit zu tun, dass in den Monaten zuvor der Film *Blood Diamond* mit Leonardo DiCaprio die Bilder des Krieges, der von 1991 bis 2002 das Land verwüstete, ins öffentliche Bewusstsein zurückgeholt hatte. Die nun anstehenden Parlaments- und Präsidentschaftswahlen wurden allerdings nicht deshalb von rund 2000 internationalen Beobachtern kritisch verfolgt.

Die Wahlen waren die erste große Probe der Zivilgesellschaft seit dem Ende des Bürgerkrieges. Eine Feierstunde am 18. Januar 2002 im Nationalstadion der Hauptstadt Freetown, inklusive einer symbolischen Waffenverbrennung, hatte das offizielle Ende des Kampfes markiert. Der von den Vereinten Nationen eingerichtete Sondergerichtshof für Sierra Leone nahm seine Arbeit auf, und der schwierige Wiederaufbau des Landes begann. Schwierig war er nicht nur, weil viele Flüchtlinge aus den Nachbarländern nach Sierra Leone zurückkehrten und betreut werden mussten, sondern auch, weil Flüchtlinge aus Lagern in Sierra Leone nach Liberia zurückkehren sollten – aus dem Nachbarland stammte ein Großteil der Anführer der Revolutionary United Front, die im Bürgerkrieg besonders grausam gewütet hatte.

Ebenso schwierig war es, die Verantwortung für die Sicherheit des Landes in kleinen Schritten von den Truppen der Vereinten Nationen an die Armee und die Polizei zurückzugeben. Auch die Entwaff-

nung von mehr als 70 000 Soldaten, Rebellen und zwangsrekrutierten Zivilisten erforderte viel Fingerspitzengefühl, denn für viele von ihnen standen zwar Ausbildungs- und Reintegrationsprogramme zur Verfügung – doch die wirtschaftliche Lage war so desolat, dass den meisten absehbar die Arbeitslosigkeit drohte.

Einige gewalttätige Auseinandersetzungen im Vorfeld der Wahlen 2007 zeigten, dass der soziale Frieden in Sierra Leone immer noch höchst instabil ist. Das liegt unter anderem daran, dass wieder die beiden Parteien zur Wahl standen, deren jeweilige Vertreter sich seit der Unabhängigkeit 1961 in Sachen Korruption, Raffgier und Unterdrückung gegenseitig überboten haben. Zudem sind die beiden Lager ethnopolitisch statt nationalpolitisch motiviert: Die Sierra Leone People's Party (SLPP), zuvor regierte, wird vornehmlich von der Volksgruppe der Mende im Süden des Landes unterstützt, der All People's Congress (APC), der im Spätsommer 2007 die Wahlen gewann, von den Temne im Norden. Die beiden Ethnien stellen zwar mit 30 Prozent einen großen Teil des Volkes, insgesamt gibt es aber acht bedeutende Ethnien. Und solange nicht alle an der Politik teilhaben können, wird Sierra Leone wohl kaum zur Ruhe kommen und das friedliche Leben von Joseph Lansana Kormoh immer bedroht sein.

Die Wirtschaft des kleinen westafrikanischen Staates ist extrem schlecht entwickelt, die meisten Menschen können als Bauern gerade sich selbst ernähren. Auch der Handel ist, wie hier in der Hauptstadt Freetown, häufig noch sehr improvisiert.

Ein Marketingmanager in Slowenien

Der Volkswirt Roberto Ceroici, 28 Jahre alt, macht seit 1999 das Marketing für Sloweniens »Tor zur Welt«, den Seefrachthafen in Koper an der Adria. Koper kann es nicht mit anderen europäischen Häfen aufnehmen, das will Ceroici ändern. Neben seiner Muttersprache spricht er fließend Englisch, Deutsch und Italienisch. Nach Feierabend lernt er für seinen Abschluss als Diplom-Betriebswirt.

Slowenien

Einwohner: 2 Millionen
Währung: Euro
BIP pro Kopf: 16 407 Euro
Human Development Index: 27

Aktuelle Durchschnittskosten

1 Bier in der Bar: 80 Cent
1 Milchkaffee: 1 Euro
1 Liter Benzin: 1,05 Euro
1 Kinokarte: 5 Euro
1 Fußballticket: 8 Euro (Stehplatz),
  16 Euro (Sitzplatz)
1 Liter Milch: 40 Cent

Verdienst, Grundkosten, Altersvorsorge:	Ceroici verdient monatlich 1000 Euro netto. 750 Euro gibt er für Miete, Essen und Kleidung aus. Außerdem fließen jeden Monat 150 Euro in einen staatlich geförderten Bausparvertrag.
Was tun Sie in Ihrer Freizeit?	»Ich spiele Volleyball in der nationalen slowenischen Liga. Wir trainieren mehrere Abende in der Woche und fahren am Wochenende zu den Ligaspielen. Außerdem spiele ich Tennis, fahre Rennrad und Ski. Will ich mir etwas Besonderes gönnen, probiere ich eine Extremsportart: Bungeejumping oder Canyoning.«
Was sind Ihre größten Probleme?	»Zeit! Ich bräuchte mindestens 28 Stunden am Tag für alles, was ich gern tue oder tun muss. Meine Freundin hat mir da sehr geholfen, und zwar indem sie meine Exfreundin wurde. Jetzt habe ich jeden Tag viel mehr Zeit.«
Was erwarten Sie von der Zukunft, und was tun Sie dafür?	»Ich versuche etwas für mein Land zu tun: Jeder Euro, der im Hafen von Koper durch den Warenumschlag verdient wird, bedeutet 13 Euro für die slowenische Wirtschaft.«
Was täten Sie, wenn Sie sich ein Jahr nicht um Ihren Unterhalt kümmern müssten?	»Ich würde mir mein Fahrrad schnappen und bis in die Türkei fahren, dann ein Flugzeug nach Kairo nehmen, mich mit dem Jeep bis nach Johannesburg durchschlagen, weiterfliegen nach Boston und auf einer Harley bis San Diego fahren, von da nach Rio de Janeiro fliegen und dort einen Monat lang Beachvolleyball spielen.«
Viele Ihrer Landsleute freuen sich über den Beitritt zur EU. Sie auch?	»Ich bin keinesfalls gegen die EU. Vermutlich werden aber nur wenige vom Beitritt profitieren.«

Die Hafenstadt Koper: Slowenien besitzt nur 47 Kilometer Küste, doch der einzige Hafen des Musterstaates unter den neuen EU-Mitgliedern ist ein großer Erfolg.

Anscheinend hat der Volkswirt und Marketingmann Roberto Ceroici alles richtig gemacht. Zumindest meldet die deutsche Bundesagentur für Außenwirtschaft im Juni 2007 unter der Überschrift »Slowenischer Hafen Koper expandiert zweistellig«: »Dank einer langfristigen Entwicklungsstrategie und des Autobahnausbaus ist der früher weniger bedeutende Hafen Koper in den letzten Jahren zum größten Port in Ex-Jugoslawien avanciert.« Als eines der Zeichen für den Erfolg wird die Gründung eines Logistikunternehmens in Zusammenarbeit mit südkoreanischen Stahlkonzernen genannt.

Stahl war schon vor dem Engagement der Koreaner der Schwerpunkt des Seefrachthafens Koper, der sich prächtig in den Außenhandel der Kfz- und Metallbranchen integriert hat, vor allem mit den Binnenstaaten Österreich, Ungarn und der Tschechischen Republik: 2006 sollen in Koper an die 400 000 Kraftfahrzeuge verladen worden sein. Das ist eine ansehnliche Menge, die zu dem Ruf des Landes passt, der »Musterstaat« unter den zehn Ländern zu sein, die 2004 der EU beigetreten sind. Slowenien war als Einziger von ihnen in der Lage, am 1.1.2007 die Währung auf Euro umzustellen.

Problematisch kann es allerdings werden, wenn der Hafen mehr Platz braucht: Sloweniens Adriaküste ist gerade mal 47 Kilometer lang – ein schmaler Korridor zwischen Kroatien und Italien. Und diese 47 Kilometer muss sich das Hafengebiet mit touristischen Anlagen teilen. Im Sommer, wenn es die Inlandslowenen aus ihren üppigen Wald- und Gebirgsgebieten ans Meer treibt, kann es an der kleinen Küste eng werden.

Das Wasser der nordöstlichen Adria gilt als besonders sauber. Doch Koper ist nicht nur deswegen für Touristen sehr attraktiv. Es ist eine alte Bistums- und Universitätsstadt mit historischen Verbindungen zum nahen Triest und zu Venedig – in Italien heißt Koper unschlagbar malerisch Capodistria. So kann man sich leicht vorstellen, dass Roberto Ceroici in Zukunft im Kampf um Raum und Kapital auch Konkurrenz aus dem eigenen Land bekommen könnte: von Volkswirten und Marketingleuten, die EU-Touristen anlocken wollen.

Der riesige Hafen von Koper ist nicht nur für den osteuropäischen Handel wichtig. Er liegt nahe dem italienischen Triest und ist auch von Österreichs Alpensüdseite gut erreichbar. Damit ist er zum Beispiel für den Automobilkonzern Magna Steyr in Graz von Interesse.

Ein Masseur
in Thailand

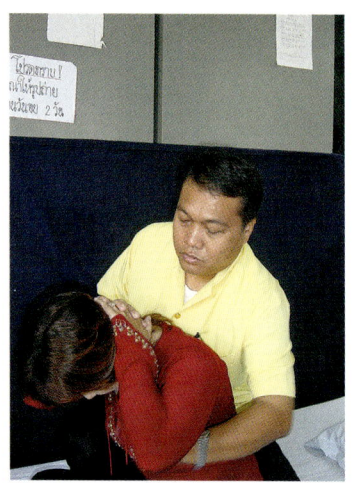

Ravee Rakskaew, 41, arbeitet seit 17 Jahren in der Massageschule des Tempels Wat Pho in Bangkok. Dort wurde vor 150 Jahren eine Medizinschule gegründet, deren Massagetechnik aus Akupressur, Chiropraktik und Shiatsu der Entspannung und Heilung dient. Rakskaews Massagen waren früher so begehrt, dass er Kunden aus ganz Thailand hatte. Heute unterrichtet er den Nachwuchs. Er ist verheiratet und hat zwei Kinder.

Thailand

Einwohner: 65 Millionen
Währung: 100 Thailändische Baht
  = 2,41 Euro
BIP pro Kopf: 6451 Euro
Human Development Index: 78

Aktuelle Durchschnittskosten

1 Liter Milch: 1,40 Euro
1 Liter Benzin: 66 Cent
Kinoticket: 2,60 Euro

Monatlicher Verdienst und Grundkosten:	»Ich verdiene rund 700 Euro. Wir haben ein eigenes Haus und zahlen keine Miete. Für Lebensmittel geben wir etwa 160 Euro aus. Teuer ist unser neues Auto, dafür bezahle ich rund 310 Euro für Raten und Benzin.«
Altersvorsorge:	»In Thailand gibt es keine Rente. Ich versuche aber, etwas zu sparen.«
Was würden Sie gern in Ihrem Leben ändern?	»Ich hätte gern einen eigenen Laden oder eine Schule, an der ich Massagetechnik unterrichte. Aber dafür ist es noch zu früh.«
Was ist Ihr größtes Problem?	»Leider bin ich der Einzige in der engeren Familie, der richtig Geld verdient. Das heißt, ich muss alle anderen mit durchfüttern. Es ist eigentlich unmöglich, unter diesen Umständen etwas beiseitezulegen. Aber ich akzeptiere das.«
Was erwarten Sie von der Zukunft?	»Bangkok ist sehr teuer geworden. Früher konnte man in jedes Haus gehen und um ein Glas Wasser bitten. Heute geht es nur, wenn man bezahlt. Ich versuche, mich davon nicht beeinflussen zu lassen und nicht geizig zu sein.«
Was bedeutet Ihnen Arbeit?	»Ich liebe meine Arbeit sehr. Nicht nur, weil ich schon vielen Menschen bei gesundheitlichen Problemen geholfen habe, sondern auch, weil ich mein Wissen nun an andere weitergeben kann. Darin finde ich viel Befriedigung.«
Was bedeutet Ihnen König Bhumibol?	»Mein König ist großartig. Ich verehre ihn und seinen Einsatz für unser Volk, besonders für die Armen. Thailand wäre anders, wenn es ihn nicht gäbe. Viele Menschen hier wären bereit, ihn mit ihrem Leben zu schützen.«

Buddhistische Tempel in Thailand: Neben Meditation und Selbstdisziplin soll eine gute Ausbildung helfen, die Menschen zur Vernunft zu bringen.

Jeden Morgen sind in Thailand ungefähr 250 000 Mönche jeden Alters mit ihren Messingschalen unterwegs, um von den Menschen etwas zu essen zu bekommen. Jeder Mönch erhält bei der Aufnahmefeier in seinen Tempel so eine Messingschale, denn der Almosengang ist wie die Meditation eine morgendliche Routine.

Als Betteln empfindet das so gut wie niemand im Lande: Es ist eine der Lehren des Buddha, dass das Spenden ein Verdienst für die Seele bedeutet – und in Thailand ist wie sonst kaum auf der Welt der Buddhismus stark in das alltägliche Leben verwoben. So ist es auch kein Wunder, dass Ravee Rakskaew bedauert, wenn man in Bangkok kaum noch ein Glas Wasser umsonst bekommt: Das ist kein Kaufmannsdenken, sondern eine kleine, religiös bedingte Trauer über den Verlust einer zwischenmenschlichen Selbstverständlichkeit.

Der Buddhismus, entstanden im 6. Jahrhundert vor Christus in Indien, wird oft als die toleranteste aller Weltreligionen bezeichnet. Seine Hierarchien sind durchlässig, Andersgläubige werden nicht bekämpft. Er versteht sich als Angebot an jeden Menschen, durch Meditation und Selbstdisziplin zur Vernunft zu kommen. Das Leben im Tempel ist eine Möglichkeit, dafür zu trainieren – was bis auf wenige Ausnahmen nur für Männer gilt.

Es heißt, dass jeder männliche Thai bis zu seinem 21. Lebensjahr einmal Mönch auf Zeit gewesen sein sollte, sonst habe er es schwer, als Mann respektiert zu werden. Drei Monate sind normal, aber auch ein Tag gilt, es gibt keine Vorgaben.

Dementsprechend unterschiedlich gestaltet sich das Leben im *wat* – das thailändische Wort übersetzt man am besten mit »Klosteranlage«. Ein *wat* besteht aus verschiedenen Gebetsräumen, Wohntrakten sowie je nach Größe auch schulischen und universitären Einrichtungen, Computerräume inbegriffen. Nach wie vor ist ein Tempelaufenthalt für arme Thailänder die einzige Möglichkeit, zu Bildung und Ausbildung zu kommen. Und für einige sogar die einzige Möglichkeit, regelmäßig ein Frühstück zu erhalten.

Die Stadt Chiang Mai im Norden Thailands ist dank ihrer wunderschönen Umgebung und ihrer reichhaltigen Kultur ein beliebtes Reiseziel. Eine ihrer Sehenswürdigkeiten ist der 1345 erbaute Tempel Wat Prah Sing, wo es sich die Mönche, wie man sieht, gutgehen lassen.

Ein Kameramann in Tschechien

Als die Fluten der Moldau im Sommer 2002 die tschechische Hauptstadt Prag unter Wasser setzten, gingen seine Bilder um die Welt: Vlastimil Žán ist selbstständiger Kameramann und Gründer der TV-Produktionsfirma »Prague News«. Der 49-Jährige ist schon lange im Geschäft: 1977 war er zunächst Kameraassistent beim tschechoslowakischen Fernsehen, studierte dann von 1979 bis 1983 an der Universität Film- und Fernsehjournalismus. Vlastimil Žán ist geschieden, er hat zwei Töchter und einen Sohn.

Tschechien

Einwohner: 10,2 Millionen
Währung: 100 Tschechische Kronen
   = 3,64 Euro
BIP pro Kopf: 15 425 Euro
Human Development Index: 32

Aktuelle Durchschnittskosten

1 Bier in der Kneipe: 1,10 Euro
1 Milchkaffee: 1,20 Euro
1 Liter Benzin: 1,06 Euro
1 Fußballticket: 1,56 Euro
   (Stehplatz), 5 Euro (Haupttribüne)
1 Liter Milch: 30 Cent

Monatlicher Verdienst:	2500 Euro
Monatliche Grundkosten:	900 Euro
Altersvorsorge:	In das staatliche Rentensystem fließen jeden Monat pauschal acht Prozent vom Gehalt. Außerdem spart er monatlich 100 Euro für die private Altersvorsorge.
Was bedeutet Ihnen Arbeit?	»Sehr viel, auch wenn das vielleicht ein Fehler ist. Andererseits lerne ich jeden Tag etwas Neues. Ich hoffe nur, ich bin noch kein Workaholic!«
Was möchten Sie in Ihrem Leben verändern?	»Ich hätte gern mehr Zeit für mich selbst. Manchmal arbeite ich einen Monat ohne Pause durch. Danach bin ich völlig fertig. Das müsste sich ändern, aber ich habe da wenig Hoffnung.« (lacht)
Was ist Ihr nächstes größeres Projekt?	»Ende des Jahres fliege ich für eine Dokumentation über die Arbeit tschechischer Biologen in die Antarktis. Die Vorbereitungen sind sehr aufwendig. Ich muss vor allem meine Kamera schützen.«
Was bedeutet die EU-Osterweiterung für Tschechien und für Sie?	»Jetzt, wo wir EU-Standards haben, hoffe ich, dass sich in unserem Rechtssystem etwas tut. Wir müssen mehr gegen die Korruption tun. Außerdem ist zu viel Schwarzgeld im Umlauf. Und in unserem Bankensystem sind zu viele Menschen mit krimineller Energie am Werk.«

Die Barrandov-Filmstudios in Prag: Wo früher die Nazis Filme drehen ließen, werden heute *James Bond* und *Mission Impossible* produziert.

Als die Fluten der Moldau im Sommer 2002 die tschechische Hauptstadt Prag unter Wasser setzten, bekam auch der ehemalige James-Bond-Darsteller Sean Connery nasse Füße: Das verheerende Hochwasser überraschte Connery samt Kollegen bei den Dreharbeiten für den Fantasyfilm *Liga der außergewöhnlichen Gentlemen*. Es hätte aber auch andere Hollywood-Stars ähnlichen Kalibers treffen können, denn Prags Ruf als europäische Kinometropole, den engagierte Filmleute wie Vlastimil Žán mit geprägt haben, ist längst bis in die USA gedrungen. Vor allem das Prestige der Barrandov-Filmstudios.

Eigentümer von Barrandov ist der tschechische Stahlkonzern Moravia Steel. Aber auch Václav Havel, der ehemalige Präsident der Tschechischen Republik, versucht seit Jahren, Besitzansprüche geltend zu machen. Immerhin haben sein Vater und sein Onkel die Filmstudios 1930 gegründet. Sie ließen ihre Vision einer edlen Studio-Stadt im fünften Bezirk Prags, auf der linken Moldauseite, von dem renommierten Architekten, Stadtplaner und Filmregisseur Max Urban verwirklichen. Doch ihre Freude währte nicht lange. 1939 kamen die Nazis und beschlagnahmten die Studios. Der Propagandaminister und Filmliebhaber Joseph Goebbels ließ innerhalb von fünf Jahren rund 80 Filme in Prag drehen. Und als die Nazis schließlich vertrieben und der Zweite Weltkrieg vorüber waren, wurden die Barrandov-Studios von der sozialistischen Regierung »nationalisiert«.

Die tschechische Filmszene litt unter der Zensur, aber die Studios florierten unter der Leitung des Staates. Noch bevor sie 1990 wieder privatisiert wurden, klopfte Hollywood an. Zuerst drehte Barbra Streisand hier *Yentl*, dann verwirklichte 1982 der aus Tschechien in die USA emigrierte Regisseur Miloš Forman in Prag seinen Film *Amadeus*, der acht Oscars gewann.

Die Begeisterung über die technische und organisatorische Kompetenz der Barrandov-Studios, die zudem recht preisgünstig zu haben waren, machte in den US-Firmen schnell die Runde. Seit dem Zusammenbruch des Warschauer Paktes, nachdem Mitte der 1990er Jahre nicht nur der tschechische Film *Kolja* den Oscar gewann, sondern auch Brian de Palma und Tom Cruise den ersten *Mission-Impossible*-Film in Prag drehten, gehen jedes Jahr mehr und mehr Weltstars in den Nobelhotels und -restaurants von Prag ein und aus. Der aktuelle James-Bond-Darsteller Daniel Craig war ebenfalls schon da: Sein 007-Debüt *Casino Royale* wurde zu großen Teilen ebenfalls in den Barrandov-Studios gedreht.

Die rund 2000 Angestellten der Barrandov-Studios sind für internationale Produktionen immer noch gefragt. Zuletzt wurden hier der zweite Teil der Chroniken von Narnia *und der Actionfilm* Babylon A.D *gedreht, die beide im Sommer 2008 in die Kinos kommen.*

Ein Käsefabrikant in Uruguay

Hugo Viera Schaffner, 52, wohnt mit Frau, sechs Kindern und seiner Mutter auf seiner 600-Hektar-Farm im hügeligen Südwesten. Dort leben vor allem Menschen, deren Vorfahren Ende des 19. Jahrhunderts aus Deutschland und der Schweiz einwanderten. Die meisten stellen Milch, Butter und Käse her und sind dafür in ganz Uruguay berühmt. Schaffners Großvater, der den Betrieb gründete, stammt aus Irland, die Großmutter aus der Schweiz. Heute führt der Enkel den Betrieb mit 120 Kühen und 120 Schafen.

Uruguay

Einwohner: 3,5 Millionen
Währung: 100 Uruguayische Pesos
  = 3,12 Euro
BIP pro Kopf: 7642 Euro
Human Development Index: 46

Aktuelle Durchschnittskosten

1 Liter Milch: 30 Cent
1 Liter Benzin: 1 Euro
Kinokarte: 4 Euro in der Hauptstadt
  Montevideo, 1,10 Euro in der
  Kleinstadt Nueva Suezia

| Monatlicher Verdienst und Grundkosten: | »Der Käseverkauf wirft etwa 1150 Euro im Monat ab. Da wir einen Gemüsegarten besitzen, auch etwas Weizen anbauen und das Fleisch aus eigener Schlachtung stammt, geben wir nicht mehr als 150 Euro im Monat für Lebensmittel aus. Für Telefon, Benzin und Strom fallen etwa 250 Euro an. Ich versuche, jeden Monat 650 Euro als Altersvorsorge zur Seite zu legen: Mein Vater ging mit 83 Jahren in Rente und bekam monatlich 135 Euro – so soll es mir nicht gehen!« |

Was ist das Wichtigste in Ihrem Leben?

»Meine Kinder und die Familie. Ich hoffe, dass mein Sohn in meine Fußstapfen tritt, und versuche, ihm eine gute Ausbildung zu ermöglichen. Er besucht eine deutsche Schule, die gelten hier als die besten.«

Was möchten Sie in Ihrem Leben verändern?

»Ich würde gern Europa kennenlernen. Mich interessiert vor allem, wie die Menschen dort leben, wo meine Wurzeln liegen.«

Was sind Ihre größten Probleme?

»Ich rege mich maßlos über die unfähige Politik auf. 2001 sind wir in den Sog der Argentinien-Krise geraten, was viele Menschen ruinierte. Aber vorher war es auch nicht besser. Ich selbst war 15 Jahre im hiesigen Gemeinderat, danach hatte ich die Nase voll. Jeder meinte, ich könnte ihm einen kleinen Dienst erweisen. Ich wünsche mir, dass Politiker wenig versprechen, das aber halten.«

Was tun Sie, wenn Sie sich etwas Besonderes gönnen wollen?

»Wir Uruguayer sind große Freunde des Kräutertees Mate. Ich habe eine eigene Mischung und nehme statt heißen Wassers frisch gepressten kalten Orangensaft. Wenn es richtig heiß ist, bereite ich alles vor, setze mich unter meinen Olivenbaum und genieße dieses köstliche Getränk.«

Deutsche und Schweizer Einwanderer in Uruguay:
vom Nueva Berlin bis zur Waldorfschule in Montevideo – Spuren einer Völkerfreundschaft

Die Käseproduktion taucht in der Handelsbilanz und den Exportlisten des kleinsten spanischsprachigen Staates Südamerikas nicht auf. Doch das typische Produkt der Einwanderer aus Deutschland und der Schweiz, von denen auch die Familie von Hugo Viera Schaffner abstammt, hat tatsächlich einen guten Ruf in Uruguay. Und wie der Käse, so die Menschen.

Das Auswärtige Amt der Bundesrepublik meldet im November 2006 folgenden Stand: Gut 10 000 Deutsche leben in Uruguay, dazu kommen 40 000 deutschstämmige Einwohner. Das sind allerdings längst nicht so viele Zugereiste wie aus Spanien oder Italien – bis Mitte des 19. Jahrhunderts blieben die deutschen Auswanderer nämlich lieber in Brasilien und Argentinien. Erst ab 1850 kauften die ersten Deutschen einige *estancias* (Landgüter) im Süden und Osten Uruguays, woraufhin Streusiedlungen mit amüsanten Namen wie Nuevo Berlin entstanden oder das 1862 von Schweizern gegründete Nueva Helvecia. Das südwestlichste der 19 historisch gewachsenen *departamentos* heißt nach wie vor wie seine regionale Hauptstadt: Colonia.

Das Verhältnis Uruguays zu Europa und im Besonderen zu Deutschland wird als von Beginn an sehr freundschaftlich beschrieben. Das Land bot ab 1935 vielen Juden Zuflucht, während etwa im argentinischen Grenzgebiet das Hakenkreuz beliebt war. Nach dem Zweiten Weltkrieg hatten viele deutschsprachige Einwanderer großen Anteil daran, dass Uruguay sich zu einem europäisch beeinflussten Wohlfahrtsstaat entwickelte. Der zerbröckelte zwar aufgrund der großen wirtschaftlichen Probleme seit den 1980er Jahren, doch der kulturelle Austausch ist nach wie vor intensiv.

Deutsche Einwanderer haben sich von Beginn an in Uruguays Hauptstadt Montevideo engagiert, die noch immer das kulturelle Zentrum des Landes darstellt. 1857 entstand die erste deutsche Kirchengemeinschaft samt Schule, aus der sich eine bis heute bestehende deutsche Begegnungsschule mit rund 120 000 Schülern und Vorschülern sowie einem auch für Austauschprojekte geeigneten Hochschulsystem entwickelt hat. Außerdem gibt es in Montevideo etliche deutsche Klubs, einen regen Orchesteraustausch mit Deutschland, eine Waldorfschule und ein sehr aktives Goethe-Institut. Man darf annehmen, dass auch dort ein guter Käse nicht verschmäht wird.

Die Kinder tanzten, und die Freude war groß, als 2003 Bundespräsident Johannes Rau Uruguay und seine deutschen Einwanderer besuchte. Vier Jahre später wurde wieder gefeiert: Die Deutsche Schule in Montevideo beging am 3. September 2007 ihr 150. Jubiläum.

Ein Hummerfischer in den USA

Mark Rand ist *lobsterman*, also Hummerfischer, in Portland im Bundesstaat Maine, wie es bereits sein Vater und sein Großvater waren. Der 28-Jährige fährt in der Saison von Juni bis Dezember an durchschnittlich 22 Tagen im Monat hinaus aufs Meer, um seine 800 Fallen zu leeren. Mit seinem neuen Fiberglasboot »Miss Amanda«, das er nach seiner Frau benannt hat, bringt er täglich bis zu 350 Pfund Hummer an Land.

USA

Einwohner: 301,1 Millionen
Währung: 100 US-Dollar = 71 Euro
BIP pro Kopf: 30 710 Dollar
Human Development Index: 12

Aktuelle Durchschnittskosten

Kinoticket: 6 Euro
1 Liter Normalbenzin: 57 Cent
1 Hummer mit Pommes frites und
  Gemüse im Diner in Portland:
  10 Euro

Monatlicher Verdienst:	In der vergangenen Saison hat Mark Rand rund 68 000 Euro eingenommen, durchschnittlich 9500 Euro im Monat. Den Großteil seines Fangs liefert er an einen Großhändler, den Rest direkt an Restaurants. Seit dem 11. September 2001, als der Hummerpreis auf 1,40 Euro pro Pfund gesunken war, freut er sich über stetig steigende Gewinne. Im Moment erhält er 2 Euro pro Pfund.
Monatliche Grundkosten:	Pro Saison braucht Mark etwa 28 000 Euro, um seine Kosten zu decken. 12 500 Euro verdient sein Gehilfe an Bord, Öl und Diesel kosten 2050 Euro, Hummerköder und Bootsversicherung 13 500 Euro. Hinzu kommen 6100 Euro Steuern im Jahr. In den restlichen fünf Monaten entfallen diese Kosten – aber auch die Einnahmen. Rands Frau arbeitet ebenfalls, sie ist Rechtsanwältin.
Haben Sie Zeit für Urlaub?	»Wenn ein Freund heiratet, mache ich einen Tag frei. Das kommt während der Saison zwei-, dreimal vor.« Außerhalb der Fangmonate fährt Mark Rand mit seiner Frau für zwei Wochen nach Florida, in der übrigen Zeit repariert er das Boot und die Fallen.
Was ist das Wichtigste in Ihrem Leben?	»Meine Familie. Mein Sohn Jake Stephen ist fast ein Jahr alt und hält uns ordentlich auf Trab. Darüber hinaus verbringen wir viel Zeit mit meinen fünf Geschwistern.«
Sind noch genug Hummer für alle Fischer da?	»Eigentlich schon. Aber manchmal hat man auch Pech in seinem Fanggebiet.« Man sollte aber besser nicht versuchen, bei den Kollegen zu wildern. »Da gibt es eine Art interne Polizei. Wenn man in falschen Gewässern fischt, dann gibt es richtig Ärger.«

Das Lobster Festival in Maine: Fünf Tage lang dreht sich in der Hafenstadt Rockland alles um den Hummer und die Frage, wie man ihn am besten isst.

Niemand sollte auf die Idee kommen, den Maine Lobster mit irgendeinem anderen Schalentier zu vergleichen. Eine so dicke, mit bestem Fleisch gefüllte Schere hat sonst keiner in der Ordnung der Zehnfußkrebse. Die Menschen aus Maine haben es auch tatsächlich geschafft, den *Homarus americanus* zum delikaten König unter den Hummern zu küren – und das in vielen erstklassigen Küchen in Nordamerika und Europa durchzusetzen. Die Hummerfänger in Maine haben früh erkannt, dass sie, um ihre Existenzgrundlage zu sichern, die Fischerei selbst regulieren müssen. Damit haben sie eine außerordentliche Weitsicht bewiesen, denn in der Kolonialzeit war der Bestand noch so groß, dass Hummer als Beifang angesehen und zu Gefängnisessen verarbeitet wurde. Die folgenden Fischergenerationen sind jedoch mit den Beständen verantwortungsvoll umgegangen, und so ist Überfischung kein Thema. Auch dass Mark Rand heute niemals in fremden Gewässern fischen würde, basiert auf dieser guten Tradition.

Das traditionell faire Verhältnis unter den *lobstermen* hallt auch in dem jährlichen Maine Lobster Festival wieder. Diese mehrtägige Sause in der Hafenstadt Rockland ist ein weiterer Grund für die Beliebtheit des Maine-Hummers. Mag sein, dass der 23. US-Bundesstaat in den Statistiken als der waldreichste Staat der USA geführt wird. Aber mit seiner riesigen Parade, der schillernd inszenierten Wahl der »Sea Goddess« und des »World's Largest Lobster Cooker«, mit seinen Wettbewerben und den über 25 000 Pfund Hummerfleisch, die 2007 verzehrt worden sein sollen, hat sich das Festival in den 60 Jahren seines Bestehens längst zum Aushängeschild Maines gemausert. Von Beginn an wurde es *non-profit* organisiert, und mittlerweile sorgen an die 1000 ehrenamtliche Helfer jedes Jahr Anfang August dafür, dass Gäste von nah und fern ihren Spaß haben. Mögen in den Restaurants der Welt die Hummer mit Avocadocreme, Spargel und Pfifferlingen veredelt werden – beim Maine Lobster Festival isst man sie wie gehabt: mit einem Bier und einem frisch gerösteten Maiskolben.

Lecker, so ein Hummer. Da möchte man gleich zugreifen. Kaum zu glauben, dass im 18. Jahrhundert das Dienstpersonal an der Ostküste der USA streikte, um durchzusetzen, dass es nicht mehr als dreimal pro Woche den damals extrem billigen Hummer zu essen bekam.

Eine Floristin
in Vanuatu

Jenny Tasale, 39, betreibt in Port Vila, der Hauptstadt des südpazifischen Inselstaates Vanuatu, einen Blumenladen. Sie hat eine 15 Jahre alte Tochter und einen 13 Jahre alten Sohn. Jenny Tasale fertigt Blumengestecke für Geburtstage, Hochzeiten oder Trauerfeiern. Ihre Auswahl beschränkt sich meist auf einheimische Pflanzen, da sie sich importierte Ware wegen der hohen Einfuhrzölle nicht leisten kann.

Vanuatu	Aktuelle Durchschnittskosten
Einwohner: 211 971	1 Laib Brot: 40 Cent
Währung: 100 Vanuatu-Vatu = 0,72 Euro	1 Liter Milch: 1,40 Euro
	1 Bier in der Bar: 2,50 Euro
BIP pro Kopf: 2033 Euro	1 Milchkaffee: 1,60 Euro
Human Development Index: 120	1 Liter Benzin: 90 Cent
	1 Kinokarte: 2,20 Euro
	1 Busticket: 70 Cent
	1 Schachtel einheimische Zigaretten: 5 Euro

38

Monatsverdienst, Grundkosten, Altersvorsorge:

In guten Zeiten macht Jenny Tasale einen Monatsumsatz von 2800 Euro, meist jedoch weniger. Dagegen stehen Kosten von rund 2200 Euro. Ohne die finanzielle Unterstützung ihres Mannes, von dem sie getrennt lebt, könnte sie kaum überleben: Er zahlt die Hälfte des Schulgeldes für die Kinder, das Haus, in dem sie wohnt, gehört seiner Familie. Die gab ihr auch vor vier Jahren ein zinsloses Darlehen als Startkapital für den Laden. Die vereinbarte Tilgung von 350 Euro monatlich kann sie oft kaum aufbringen.

Was ist das Wichtigste in Ihrem Leben?

»Meine Kinder. Und das Land. Alle Ni-Vans haben einen sehr engen Bezug zur Natur. Wenn ich mal Zeit für mich brauche, gehe ich irgendwohin, wo es still ist und ich alleine bin. Dann setze ich mich auf den Boden, fühle mit den Händen die feuchte Erde und atme den Geruch der Natur ein.«

Was würden Sie tun, wenn Sie sich ein Jahr lang nicht um Ihren Unterhalt kümmern müssten?

»Ich würde versuchen, eine Art Hilfsorganisation auf die Beine zu stellen und das Leben anderer zu verbessern. Vanuatu ist ein schönes Land, aber es geht längst nicht allen gut. Für Europäer mag das seltsam klingen, aber wir achten in Vanuatu darauf, dass nicht nur wir selbst, sondern auch die anderen glücklich sind.«

Laut einer aktuellen britischen Studie leben in Vanuatu die glücklichsten Menschen der Welt. Stimmt das?

»Die Menschen sind hier grundsätzlich zufrieden. Wir lassen uns nicht hetzen, helfen uns und sorgen im Alter füreinander. Außerdem ist genug zu essen da, Obst, Gemüse, auch Fleisch. Deshalb gibt es hier viele Selbstversorger, die ohne Geld leben. Allerdings kaufen bei uns seit einiger Zeit Investoren Land, um Hotelanlagen zu bauen. Doch das Land ist die Grundlage unseres Lebens. Wer keins hat, ist wirklich arm.«

Das glücklichste Volk der Welt: Traditionen, stabile Gemeinschaften und berauschende Feste sorgen im Pazifik für zufriedene Menschen.

Es ist ganz einfach: Um zum glücklichsten Volk der Erde gekürt zu werden, sollte man möglichst auf einer Insel in einer nicht konsumorientierten Gesellschaft leben. Das angenehme, in sich ruhende soziale Füreinander, das auch Jenny Tasale schildert, kommt dann fast wie von selbst.

Die britische New Economics Foundation (NEF) hat im Juli 2006 in einer Studie den »Happy Planet Index« veröffentlicht. Untersucht wurden die allgemeine Zufriedenheit, die Lebenserwartung und der Umgang mit der Umwelt. Auf Rang eins fanden sich die gut 200 000 Bewohner des südpazifischen Inselstaates Vanuatu wieder. »Sagen Sie es bloß niemandem weiter«, soll Marke Lowen von der Online-Zeitung *Vanuatu Online* gescherzt haben, als die Studie veröffentlicht wurde.

Dabei muss die Bevölkerung der 83 Inseln und Kleinstinselgruppen seit langem mit Touristen leben. Ob die allerdings in Vanuatu das Glück finden, steht auf einem anderen Blatt. Denn Menschen im Urlaub und Menschen im Alltag sind, was das Glücksempfinden angeht, nicht vergleichbar. Und selbstverständlich sollte niemand davon ausgehen, dass das Glück auf Vanuatu bloß aus Naturangucken und Erdeanfassen besteht. Das besondere Gemeinschaftsgefühl der Ni-Vans, der indigenen Einwohner Vanuatus, basiert auf komplexen sozialen Traditionen, in denen das Spektakel genauso seinen Platz hat wie die Kontemplation. So soll etwa der Bungeesprung von dieser Insel stammen: Die Naghol-Zeremonie, bei der die Männer todesmutig von einem bis zu 30 Meter hohen Holzgerüst springen und dabei nur mit einem Lianenseil um die Knöchel gesichert sind, gehört zu den Traditionen der Gemeinschaft.

In solchen Traditionen geht es um Mut, Vertrauen, Spiel, Trancezustände und den kollektiven Rausch des Festes. Solche Werte sind allerdings kaum messbar, weshalb die NEF auch Parameter wie den Ressourcenverbrauch eines Landes in ihre Studie einbezog. Kein Wunder, dass die Industrienationen dabei schlecht abschnitten. Für die hat eine andere britische Forschergruppe, ebenfalls im Sommer 2006, eine alternative Studie veröffentlicht, die einen Index für die subjektive Zufriedenheit aufgrund von Gesundheit, Wohlstand und Bildung erstellte. Am besten schnitt dabei Dänemark ab. Vanuatu landete immerhin auf Platz 24 von 177.

In dem abgelegenen Teil des Inselstaats Vanuatu sind viele Traditionen erhalten geblieben. Bei Besuchern besonders beliebt ist das im Urwald gelegene Dorf Yakel auf der Insel Tanna, in dem Menschen noch unter sehr einfachen Bedingungen leben.

Bild- und Textnachweis

Interviews (Seite 1 und 2 jedes Kapitels)

01. Text und Foto: Katrin Prüfig, 02. Text: Martina Matthiesen, Foto: Assaf Kamar, 03. Text: Ingo Malcher, Foto: Johannes Kroemer, 04. Text und Foto: Andrea Schuhmacher, 05. Text: Joana Breidenbach, Pál Nyíri, Foto: Joana Breidenbach, 06. Text und Foto: Irene von Hardenberg, 07. Text und Foto: Jörn Klare, 08. Text und Foto: Ulrike Putz, 09. Text: Martin Uebele, Foto: © Esri Geoinformatik GmbH, 10. Text und Foto: Peter Gaide, 11. Text und Foto: Andrea Vollmer, 12. Text und Foto: Vivien Pieper, 13. Text und Foto: Jan Michael Ihl, 14. Text und Foto: Martina Matthiesen, 15. Text: Susanne Haase, Foto: Edzard Piltz, 16. Text und Foto: Axel Hildebrand, 17. Text und Foto: Hilmar Poganatz, 18. Text und Foto: Katrin Arnholz, 19. Text und Foto: Björn Eichstädt, 20. Text: Thilo Guschas, Foto: Merlin Nadj-Torma, 21. Text und Foto: Klaus Heymach, 22. Text und Foto: Markus Münch, 23. Text und Foto: Thilo Guschas, 24. Text und Foto: Markus Isidor Reichert, 25. Text und Foto: Thomas Iwainsky, 26. Text und Foto: Christian Fuchs, 27. Text und Foto: Evelyn Runge, 28. Text und Foto: Jörn Klare, 29. Text und Foto: Katrin Prüfig, 30. Text: Susanne Haase, Foto: Edzard Piltz, 31. Text: Matthias Spielkamp und Anastasia Branovets, Foto: Matthias Spielkamp, 32. Text und Foto: Judith Reker, 33. Text und Foto: Katrin Prüfig, 34. Text: Susanne Haase, Foto: Edzard Piltz, 35. Text und Foto: Katrin Prüfig, 36. Text: Susanne Haase, Foto: Edzard Piltz, 37. Text: Marc-Stefan Andres, Foto: Thorsten Arendt, 38. Text und Foto: Verena Sprothen

Länderseiten (Seite 3 und 4 jedes Kapitels)

Alle 38 Texte wurden von Stefan Raulf verfasst.

Fotografien: 01. © Robert Nickelsberg/Getty Images, 02. © José Fuste Raga/zefa/CORBIS, 03. © Enrique Marcarian/Reuters/CORBIS, 04. © Caroline Penn/CORBIS, 05. © Reuters/CORBIS, 06. © Bob Krist/CORBIS, 07. © David Mercado/Reuters/CORBIS, 08. © Pierre Vauthey/CORBIS SYGMA, 09. © Comstock/CORBIS, 10. © Ian Walton/Getty Images, 11. © Kevin Schafer/CORBIS, 12. © RCWW, Inc./CORBIS, 13. © Greenshoots Communications/Alamy, 14. © Donald Nausbaum/CORBIS, 15. © Macduff Everton/CORBIS, 16. © Eldad Rafaeli/CORBIS, 17. © Michele Falzone/JAI/CORBIS, 18. © Kevin R. Morris/CORBIS, 19. © Carl & Ann Purcell/CORBIS, 20. © Ed Kashi/CORBIS, 21. © Louise Gubb/CORBIS SABA, 22. © Neil Rabinowitz/CORBIS, 23. © Gavin Hellier/JAI/CORBIS, 24. © Keith Dannemiller/D70s/CORBIS, 25. © picture-alliance/akg-images/Jürgen Sorges, 26. © David Samuel Robbins/CORBIS, 27. © Jim Ruymen/Reuters/CORBIS, 28. © Jorge Mazzotti/Go2Peru.com, 29. © Michael Dalder/Reuters/CORBIS, 30. © Dennis Marsico/CORBIS, 31. © Staffan Widstrand/CORBIS, 32. © Gleb Garanich/Reuters/CORBIS, 33. © Jaka Jeraša, 34. © Dean Conger/CORBIS, 35. © Barrandov-Studios, 36. © Andres Stapff/Reuters/CORBIS, 37. © Bob Krist/CORBIS, 38. © Roger Ressmeyer/CORBIS

Bibliografische Information Der Deutschen Nationalbibliothek
Die Deutsche Nationalbibliothek verzeichnet diese Publikation in der Deutschen Nationalbibliografie; detaillierte bibliografische Daten sind im Internet unter http://dnb.d-nb.de abrufbar.

Deutsche Originalausgabe
Copyright © 2008 von dem Knesebeck GmbH & Co. Verlags KG, München – Ein Unternehmen der La Martinière Groupe

Gestaltung: Knesebeck Verlag in Kooperation mit *brand eins*
Lithografie: Repro Ludwig, Zell am See
Satz: satz & repro Grieb, München
Druck: Druckerei Uhl, Radolfzell
Printed in Germany

ISBN 978-3-89660-529-0

www.knesebeck-verlag.de

Mix
Produktgruppe aus vorbildlich bewirtschafteten Wäldern und anderen kontrollierten Herkünften

Zert.-Nr. GFA-COC-001526
www.fsc.org
© 1996 Forest Stewardship Council

FSC

01_ Afghanistan
02_ Ägypten
03_ Argentinien
04_ Äthiopien
05_ Belize
06_ Bhutan
07_ Bolivien
08_ China
09_ Deutschland
10_ England
11_ Färöer
12_ Frankreich
13_ Gambia